| 台湾研究系列 |

北京市教育委员会科技创新平台建设项目阶段性成果

海峡同根 情寄农桑
——两岸农业比较与合作研究

胡艳君 著

九州出版社 JIUZHOUPRESS | 全国百佳图书出版单位

图书在版编目（CIP）数据

海峡同根　情寄农桑 ：两岸农业比较与合作研究 / 胡艳君著. —北京:九州出版社, 2012.8
ISBN 978-7-5108-1572-0

Ⅰ. ①海… Ⅱ. ①胡… Ⅲ. ①海峡两岸－农业合作－研究 Ⅳ. ①F327

中国版本图书馆CIP数据核字(2012)第168676号

海峡同根　情寄农桑——两岸农业比较与合作研究

作　　者　胡艳君　著
出版发行　九州出版社
出 版 人　徐尚定
地　　址　北京市西城区阜外大街甲35号（100037）
发行电话　（010）68992190/2/3/5/6
网　　址　www.jiuzhoupress.com
电子信箱　jiuzhou@jiuzhoupress.com
印　　刷　三河市东方印刷有限公司
开　　本　720毫米×1020毫米　16开
印　　张　8
字　　数　140千字
版　　次　2012年8月第1版
印　　次　2012年8月第1次印刷
书　　号　ISBN 978-7-5108-1572-0
定　　价　26.00元

目　　录

前 言

近些年来，党中央对“三农”（农业、农村、农民）问题高度重视，两岸关系中，如何争取台湾民心，特别是争取中南部农民对两岸关系和平发展的拥护与支持是核心问题之一。2010 年新年伊始，中共中央国务院出台了《关于加大统筹城乡发展力度 进一步夯实农业农村发展基础的若干意见》的 2010 年一号文件。这是自 2004 年来中央连续第 7 次将一号文件锁定“三农”，充分体现了中央对“三农”工作的高度重视。春节期间，中共中央总书记胡锦涛在福建龙岩、漳州、厦门等地考察，并专门赶赴漳浦台湾农业创业园看望当地台商，并说道：“两岸经济框架协议商谈过程中，我们一定会充分考虑台湾同胞特别是台湾农民兄弟的利益。”十一届全国人大三次会议记者会上温家宝总理答中外记者问，谈到两岸正在商签的经济合作框架协议时也提到：“特别要照顾台湾农民的利益”。而 2 月 24 日国台办发言人范丽青在谈到两岸农业合作时认为，两岸农业合作应该说具有先天的优势，今后国家将进一步加强海峡两岸农业合作试验区和台湾农民创业园的建设，为台湾农民在大陆投资创业提供更好的环境；积极协助台湾农民企业到大陆举办展览展销会，进一步扩大台湾农产品在大陆的销售；不断加强两岸在农业信息技术、人才培训、农民组织建设方面的交流合作，积极探索开辟两岸农业交流与合作的新渠道、新平台，实现两岸农业的共同发展。2010 年 6 月 29 日，两岸正式签署《海峡两岸经济合作框架协议》（英文为 Economic Cooperation Framework Agreement，简称 ECFA），台湾“立法院”于同年 8 月 17 日审议通过，其中大陆对台贸易早期收获产品清单中，包括其它活鱼、其它生鲜鱼、其它冷藏冷冻鱼、生鲜甲鱼蛋、鲜兰花、金针菇、香蕉、柳橙、哈密瓜、火龙果及茶叶等 18 项农产品。这一系列的事件表明，两岸农业合作正面临一个非常好的发展环境和机遇。基于这一背景，本书把研究内容锁定在两岸农业交流与合作现状、存在问题，通过对两岸农业经营管理模式的比较，探讨台湾农业发展经验对大陆有哪些借鉴和启示，两岸应该如何进行农业合作模式的创新，最终实现“惠顾两岸农民、产业合理分工、提升农业竞争力”的两岸农业合作目标。

“三农”问题一直是党、国家、各级政府关注的重要问题，同时也是专家、学者研究的热点问题，因此对于大陆农业合作经济组织、农村土地制度以及农业经营体制与政策的研究比较多。20 世纪 80 年代以后，随着两岸农业交流的不断增加，许多农业专家、学者到台湾交流学习、考察，出现了许多介绍台湾农业经济合作组织（主要是农会）、土地制度、农业政策、农业发展经验的论文和论著，但是对两岸农业经营管理模式进行比较研究的并不多。从目前查阅的资料来看，比较有代表性的成果之一为郝志东、廖坤荣（2008）的《两岸乡村治理比较》，从乡镇和村一级治理、两岸乡村农、工、商的发展、两岸农村的金融问题、两岸农民组织问题以及两岸农村社区建设等几个方面，对两岸农村、农业的发展进行了较深入和系统的比较研究，比较的方式主要是以两岸学者对同一个论题进行交流。另一个有代表性的成果是于宗先、毛育刚、林卿（2004）的《两岸农地利用比较》一书，较详细地分析了台湾的农地利用情况和大陆的农地利用情况，包括农地利用政策、农地改革、农地利用管理等，然后对两岸农地所有权归属的演变、农地利用的自然环境、社会经济条件、农地资源、农地开发、利用和管理等方面进行了对比，并对两岸农地利用政策进行了评价，最后从农地利用与环境、人口增长率、规模经济、农民负担、工商业发展以及竞争等方面得出了相应的结论。

关于两岸农业合作，政府、学者、产业界、企业界都有一定的研究与实践，各种形式、各种层次的“农业合作论坛”也经常在海峡两岸各地举办，关于合作的模式、领域、前景等取得了一系列的研究成果，但是关于这些问题的深入研究不是很多。目前看到的文献中，研究得比较详细的主要有：周文彰（1999）的《琼台农业合作研究》，从琼台农业经济比较、琼台农业合作现状、琼台农业合作的效应、琼台农业合作的启示之一：发展农村合作经济组织、琼台农业合作的启示之二：完善农业社会化服务体系以及琼台农业合作的环境建设等方面以海南为例对两岸农业合作进行了较全面的介绍。两岸农业合作中另外一个重要的问题，是具有实践意义的两岸农业合作模式研究。关于两岸农业合作模式创新，目前，两岸的农业合作基本上还处于台商、台农单打独斗的局面，台湾在大陆的农业投资大多是独资的法人形态，合作的模式主要是“台商租赁农户或集体组织的农地进行独资经营”（陈洪昭，2008），并未体现真正的“合作”，未能最终体现出合作的“成效”。曾祥添（2008）通过对闽台两地农业合作现有模式的分析，提出了两岸农业合作的三种新模式：土地股份制两岸农业合作新模式、以现代小农经济为主的闽台农业合作新模式、产供销一体化的两岸农业合作新模式。王庆（2008）在分析闽台农业合作中产业化经营的原有模式“台资企业＋种植大户＋农户”、“台资企业＋农户”的利弊的基础上，提出了两种新模式，即“农民自办加工企业＋农民合作经济组织＋农户”和“台资企业＋农民合作经济组织＋农户”。陈洪昭（2008）提出了农地股份合作制：将台商与农户的资金、技术、农地、设备等生产要素，按照适当份额折成股份，投入到农业生产中去，进行资源组合，在不改变资产终极所有权的前提下，实现了投资主体多元化。这些学人的研究成果都为我们提出两岸合作创新的新模式提供了有益的参考，在此基础上，本书将提出“政府＋农业推广委员会（台湾）＋农户”等两岸农业合作的新模式。

本书的主要内容包括以下三个方面：

（一）两岸农业交流与合作现状、特点及存在问题

两岸农业交流与合作走过了近三十年的历程，在波动中不断深入发展。本书将主要分析两岸农业投资与农产品贸易的发展历程和现状、两岸农业交流与合作平台的建设情况，以及两岸农业交流与合作的特点和发展趋势。通过在台湾的调研，也对目前两岸农业合作中存在的问题有了更深入的了解，本书也将就这些问题做较深入的剖析，并有针对性地提出一些建议和对策。

（二）两岸农业经营管理模式比较

两岸农业均属小农经济，农业经营制度改革和发展的目标和轨迹也基本类似。目标都是调动农民的生产积极性，增加农民收益；发展的轨迹也都是由农户的分散经营到规模化经营，向农业产业化方向发展。但是由于两岸土地所有制制度存在本质的不同，加之经济发展模式、环境等许多因素决定了两岸农业经营制度会以不同的政策、制度呈现出来。本书将重点对两岸农民合作组织和农业金融制度进行比较研究，为大陆解决“三农”问题提供政策

借鉴，同时为推动和深化两岸农业合作提供理论支持。

第一，两岸农业合作经济组织的比较。台湾的农业合作经济组织已经发展到比较成熟的阶段，主要表现在农会的体制、机制、功能、业务不断完善与提升；近年来，随着农业改革、发展需要应运而生的策略联盟也在迅速推广，主要包括生产联盟、物流联盟、加工联盟、贸易联盟和休闲农业联盟。而大陆的农业经济合作组织发展比较缓慢，在经历了农业合作化运动、人民公社时期以及改革开放后的起步阶段和 20 世纪 90 年代的初始发展阶段的漫长历程后，2003 年以后逐步步入较规范的发展阶段。2006 年 10 月 31 日，《中华人民共和国农民专业合作社法》正式颁布，成为我国农民合作组织发展史上的一个里程碑。本书将通过对两岸农业经济合作组织在模式、体制、机制、功能等方面做比较研究，重点研究台湾农业经济合作组织运作的成功经验，为大陆农业合作组织健康发展提供有益借鉴。

第二，两岸农业金融制度比较。由于农业的特殊性，农业金融也有不同于一般金融的特点，2003 年台湾通过了“农业金融法”，形成了独立于一般金融之外的一元化的农业金融体系。大陆的农村金融改革经过了三十多年的改革和发展，取得一些成绩的同时，依然面临许多问题，本书将重点分析 2006 年 12 月 20 日银监会发布《中国银行业监督管理委员会关于调整放宽农村地区银行业金融机构准入政策，更好支持社会主义新农村建设的若干意见》，提出农村金融市场开放的试点方案以来，大陆农村金融尤其是村镇银行发展的概况、存在的问题以及未来的发展方向，并与台湾的农业金融的相关方面进行了比较，同时分析了台湾农业金融体制改革和发展过程中的成功做法对大陆农村金融改革的启示和借鉴。

（三）两岸农业合作前景及合作模式创新研究

第一，两岸农业合作前景分析。通过对两岸农业交流与合作现状的分析，总结当前交流与合作中存在的问题，并对两岸农业合作经济组织、农业金融制度等方面农业经营制度与政策的比较，分析出两岸在农业经营管理方面的优劣势，着重分析台湾农业发展的成功经验对大陆的借鉴和启示，提出两岸农业合作的前景及宗旨和原则。

第二，合作模式的创新研究。目前，两岸农业合作的模式主要有品种与技术合作模式、农业资源开发合作模式、外向型农业合作模式、专业组织合作模式等，而合作的平台主要是海峡两岸农业合作试验区和台湾农民创业园。本书将在实地调研和理论分析的基础上，提出两岸农业合作的新模式。

本书将首先分析当前两岸农业合作中存在的问题，并运用比较研究的方法，通过对两岸农业经济合作组织、农村金融制度的比较分析，总结台湾农业发展的成功经验对大陆农业相关改革的借鉴和启示，并以之作为两岸农业合作新模式的理论基础；最后分析两岸农业合作的前景及合作原则，并提出两岸农业合作的新模式。研究思路如下图所示：

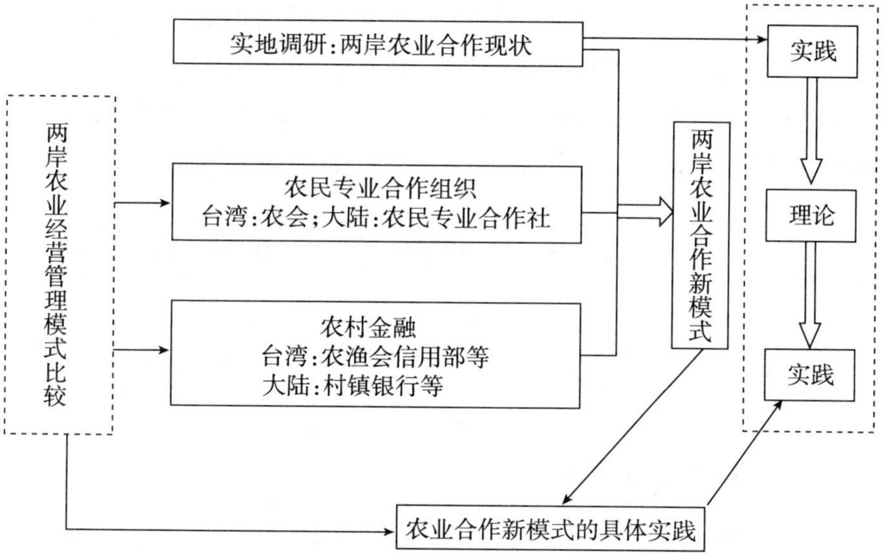

“两岸农业经营制度模式比较与合作模式创新研究”研究思路

第一章　两岸农业合作概况

两岸农业合作开始于1979年，主要以海上民间小额贸易方式来进行农产品的交易。在以后的三十年中，两岸农业的交流与合作无论从形式到内容都有了很大发展，取得了一系列的成效，但同时也呈现出单向、自发、无序和相对而言进展缓慢的特点。在两岸和平发展的新形势下，探讨如何改善两岸农业交流合作的环境，改变无序的现状，使两岸农业合作的成果真正造福两岸农民，特别是有效帮助台湾农业提升竞争力等，是一件非常有意义的大事。

第一节　两岸农业投资与农产品贸易

台湾对大陆的农业投资和两岸之间的农产品贸易是两岸农业交流与合作的重要实质性成果。

一、台湾对大陆农业投资

1985年10月，台胞邱伏对在福建漳浦注册成立了一家水产养殖公司，此举被业界学者称为两岸农业合作的先声①。经过二十多年的发展，截至2008年年底，在大陆投资发展的台资农业企业有5900多家，投资大陆农业的台资总额达69亿美元②，投资领域包括种植业、渔业水产、畜牧业、食品饮料、饲料加工、木竹等。

台湾对大陆农业投资主要有以下几个方面的特点③：

第一，单向性和自发性。首先，台湾当局至今仍限制对大陆农业种植业

---

① 张涛等，从台湾农民创业园看海峡两岸农业合作——以福建省台湾农民创业园为例，福建农林大学学报（哲学社会科学版），2008.11（5），P24。

② 张意轩、李屹，海峡两岸农业合作进入“深耕细作”阶段，中国工商报，2009年8月14日第3版。

③ 李岳云、董宏宇，海峡两岸农产品贸易与农业投资合作，中国农村经济，2003.7，P68。

的投资，除食品、饲料、畜牧业等以外，台商在大陆投资的农业种植业项目均出于台商个人“自发”的行为。因此，在种子、技术、销售等各个环节上均不规范，潜在的风险较高，对此，岛内外均有不少的议论；其次，两岸自2009年4月达成“陆资入岛”的共识之后，台湾当局向大陆开放三大类192项陆资入台项目中也并未涉及农业。也就是说，直到2009年底，农业是不允许陆资向岛内投资的项目，单向投资的格局尚未突破。

第二，无序性和波动性。如表1—1所示，受台湾当局相关政策影响，农业投资总额波动比较大。从农业产业链上看，农业种植业处于上游原料生产的地位，对此台湾当局严加控制。因此，自台湾当局1987年11月开放台胞赴大陆探亲以来所掀起的第一波（1988～1992年）投资热潮中，少量经营农产品的台商在海南等地偷偷种植反季节瓜果和芦笋等作物，有些还从事水产养虾等活动。与此同时，两岸农业交流却十分频繁，大陆对台湾农业的了解逐步加深，台湾食品业龙头企业统一集团于1992年率先在大陆新疆乌鲁木齐以当地品质优良的西红柿为原料，公开投资西红柿（番茄）酱生产项目，产生了相当大的影响。之后，食品业中的一些中小企业纷纷开始到大陆来考察，如旺旺、顶新等，相继来大陆投资以米面为原料的食品加工业。1992年，邓小平同志南方谈话之后，大陆加大了对外开放的力度，台湾中小企业掀起了投资大陆的高潮。仅1993年一年，台商对农业的投资额就超过了1992年以前数年的投资总额，食品及农产品加工业所占比重随之上升，到1994年，占了总投资额的15.16％，比重可谓不小。

从1992年开始，台湾的民间农业和渔业组织相继来大陆与农业部门联系积极推动与大陆的务实合作，双方在认真调研的基础上确定了分别在海南、福建、浙江等地，实施涉及海上渔船补给、水产品加工、水果栽培技术等具体的合作项目。正在开始执行，李登辉利用发生在浙江千岛湖上台湾游客被歹徒劫持并杀害的所谓“千岛湖事件”，趁机宣布并严令禁止两岸所有的农、渔业交流与合作项目，严重打击了两岸农业合作的良好势头，反映在1995、1996两年的农业投资只占总投资额的0.20％和0.58％。

大陆方面为了推进两岸农业合作，2006年以来，农业部会同国台办先后在大陆9个省份设立了9个海峡两岸农业试验区，同时在12个省份设立了25个台湾农民创业园，为台湾向大陆投资农业种植业创造条件、增加吸引力。但是受限于政策，台湾投资大陆农业的主体不是台湾的农民或农会组织，而是台商，因此投资的布局基本上是无序的、随机的，与台商本人的兴趣和他们与台湾农业的联系及掌握的资源有一定的关系。

表 1—1 1993～2008 年被核准的台湾对大陆农业和食品业①直接投资情况表

年份	农业			食品业			农业和食品业		
	投资额（千美元）	占对大陆直接投资总额的比重（%）	项目数（个）	投资额（千美元）	占对大陆直接投资总额的比重（%）	项目数（个）	投资额（千美元）	占对大陆直接投资总额的比重（%）	项目数（个）
1993	29 568	0.93	152	324 555	10.24	791	354 123	11.18	943
1994	9 464	0.98	13	145 846	15.16	73	155 310	16.14	86
1995	2 149	0.20	4	117 447	10.75	32	119 596	10.94	36
1996	7 100	0.58	3	121 702	9.90	30	128 802	10.48	33
1997	48 646	1.12	210	333 073	7.68	1151	381 719	8.81	1361
1998	21 025	1.03	24	70 045	3.44	57	91 070	4.48	81
1999	4 629	0.37	5	58 250	4.65	19	62 879	5.02	24
2000	5 752	0.22	6	43 253	1.66	10	49 005	1.88	16
2001	10 389	0.37	6	58 420	2.10	26	68 809	2.47	32
2002	28 670	0.43	47	152 939	2.27	93	181 609	2.70	140
2003	37 270	0.48	54	353 050	4.59	105	390 320	5.07	159
2004	3 722	0.05	5	89 594	1.29	34	93 316	1.34	39
2005	7 893	0.13	4	53 430	0.89	28	61 323	1.02	32
2006	8 960	0.12	3	99 708	1.30	20	108 668	1.42	23
2007	17 104	0.17	8	71 648	0.72	14	88 752	0.89	22
2008	15 558	0.15	4	240 222	2.25	24	255 780	2.39	28

资料来源：《Taiwan Statistical Data Book 2009》Council for Economic Planning and Development，Executive Yuan，R. O. C.（Taiwan），June 2009。

---

① 这里的农业指 Agriculture，Forestry，Fishery and Animal Husbandry；食品业指 Food & Beverage Manufacturing。

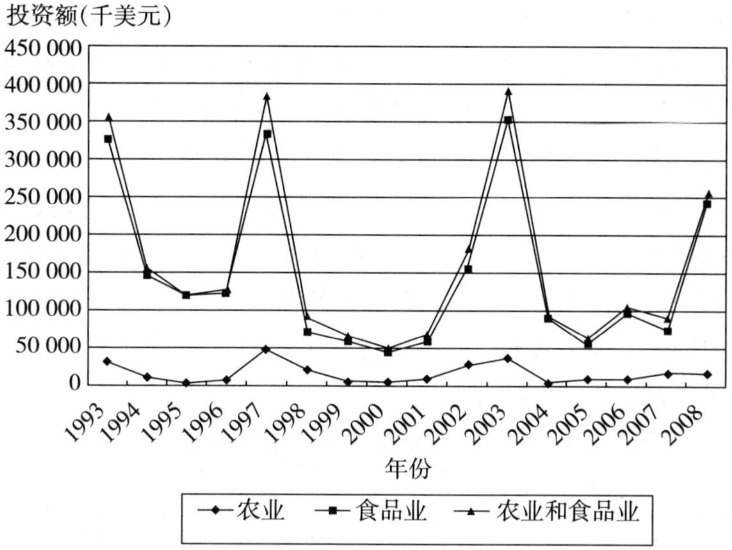

图 1—1　1993～2008 年台湾对大陆农业和食品业直接投资变动图

第三，从总体上来看，台商对大陆农业投资偏向于食品加工业，而对大陆农业种植业、渔业、畜牧业等领域的投资金额相对偏低（如表 1—1、图 1—1 所示）。从 1993 年到 2008 年虽有起伏但这一趋势比较明显。江苏是两岸农业合作的重要省市之一，这一特点也可从 2005 年台商投资江苏农业的分行业情况可以看出，他们投资的行业主要是农产品加工业，其中又以食品加工、园艺加工及种植为主。如表 1—2 所示。

表 1—2　2005 年台商投资江苏农业分行业情况

投资行业	食品加工	园艺加工及种植	畜禽养殖及加工	林产品种植及加工	水产品加工	其他①
项目个数	29	31	9	14	3	51
实际利用金额（万美元）	3494.00	2050.5	512	758.48	224.2	3376.41
占总利用金额比（%）	33.55	20.69	4.92	7.28	2.15	32.42

资料来源：杜强，两岸农业投资合作分析：以江苏省为例，管理观察，2008 年 8 月，P204。

① 这里的其他包括蚕茧加工等前面几种未包括的行业以及一些带有综合性质的农业投资。

第四，农业投资以大陆内销市场为主。台商投资农产品加工业和食品业以开拓大陆内销市场为主要目的。许多台资企业的产品如“康师傅”、“统一”、“旺旺”等食品已在大陆拥有很高的市场占有率，2009年，康师傅品牌的方便面已占大陆市场的54％，饮料占46％，已形成了良好的品牌效应。

第五，农业投资企业以独资为主。2005年、2006年台商投资江苏农业企业独资经营情况如表1—3所示，从项目个数、总投资额、合同金额和实际到账金额四个方面考察，独资经营的比例都在70％以上，这种现象反映了两岸农业中的一个不足之处，就是台湾在大陆投资的农业项目对大陆农业、农村和农民的辐射作用比较弱。

表1—3　台商投资江苏农业企业独资经营情况

单位：万美元，％

年份	项目个数	占比	总投资额	占比	合同金额	占比	实际到账金额	占比
2005	99	77.3	27 704	85.5	26 844	87.1	7328	70.4
2006	91	75.8	38 292	80.5	36 781	82.9	5125	72.0

资料来源：杜强，两岸农业投资合作分析：以江苏省为例，管理观察，2008年8月，P204。

二、两岸农产品贸易

两岸农产品贸易开始于1979年海峡两岸通过海上进行农产品买卖的民间小额贸易，经过三十年的发展，贸易额在波动中不断增加，现今大陆已经成为台湾重要的农产品贸易伙伴。根据蒋颖（2006）的研究，两岸的农产品贸易依存度有上升趋势，而且台湾地区对祖国大陆市场的依赖程度要高于祖国大陆对台湾地区市场的依赖程度①。

① 蒋颖，海峡两岸农产品贸易依存度分析，福建农林大学学报（哲学社会科学版），2006.9(3)，P25。

表 1—4　1989～2010 年台湾与大陆农产品贸易情况

单位：千美元，%

年份	台湾农品进口总值	自大陆进口总值	自大陆进口比例①	台湾农产品出口总值	出口至大陆总值	出口大陆比例②	农产品贸易总额	农产品贸易差额
1989	6 285 416	75 596	1.20	3 813 037	—	—	—	—
1990	6 129 255	113 075	1.84	3 672 210	—	—	—	—
1991	6 352 613	162 254	2.55	3 836 036	—	—	—	—
1992	7 502 857	215 529	2.87	4 107 386	111	0.00	215 640	−215 418
1993	7 798 914	290 397	3.72	4 201 221	123	0.00	290 520	−290 274
1994	8 513 677	347 856	4.27	4 547 262	3 773	0.00	351 629	−344 083
1995	9 774 010	421 870	4.32	5 644 649	5 819	0.10	427 689	−416 050
1996	9 986 572	380 504	3.81	5 484 880	17 143	0.31	397 647	−363 360
1997	9 920 889	388 697	3.92	3 984 964	14 557	0.37	403 254	−374 139
1998	7 795 197	290 493	3.73	3 154 686	22 597	0.72	313 090	−267 895
1999	7 630 304	279 918	3.67	3 101 492	35 265	1.14	315 183	−244 653
2000	7 590 353	321 314	4.23	3 278 183	50 455	1.54	371 769	−270 858
2001	6 850 690	262 199	3.83	3 030 210	48 890	1.61	311 089	−213 308
2002	7 079 722	367 248	5.19	3 148 751	66 350	2.11	433 598	−300 898
2003	7 781 961	408 694	5.25	3 237 950	175 596	5.42	584 290	−233 098
2004	8 833 688	501 192	5.67	3 548 642	291 772	8.22	792 964	−209 420
2005	9 355 061	567 517	6.07	3 582 345	361 064	10.07	928 581	−206 453
2006	9 428 077	562 832	5.97	3 298 664	430 158	13.04	992 990	−132 674
2007	10 455 936	711 812	6.81	3 433 119	430 740	12.54	1 142 552	−281 071
2008	12 121 177	717 796	5.92	3 849 032	436 465	11.33	1 154 261	−281 331
2009	10 046 078	549 460	5.47	3 207 209	364 082	11.35	913 542	−185 378
2010	12 752 885	661 605	5.19	3 971 230	523 197	13.17	1 184 802	−138 408

资料来源：台湾“行政院”农业委员会台湾农产品外销网，http：//trade.coa.gov.tw。

两岸农产品贸易主要表现为以下几个特点：

① 自大陆进口比例指台湾自大陆进口农产品总值占台湾农产品进口总值的比重。

② 出口大陆比例指台湾出口至大陆的农产品总值占台湾农产品出口总值的比重。

第一，两岸农产品贸易在波动中不断发展，贸易量不断扩大，尤其是在两岸经济贸易关系逐步正常化的2009和2010年，但总的来说发展缓慢。如表1—4所示，两岸农产品贸易额从1992年的2.16亿美元上升到2010年的11.85亿美元；台湾自大陆进口总值由1989年的0.76亿美元增加到2008年的7.17亿美元，自大陆进口比例也由1989年的1.20%提高到2007年的6.81%。同时，出口至大陆的农产品总值由1995年的11.1万美元增加到2010年的5.23亿美元，达到历史最高水平。由于2005年起，大陆推出一系列惠台农业政策，台湾出口至大陆的农产品逐年增加，出口至大陆的比例从2005年到2010年一直保持在10%以上，大陆已经成为台湾重要的农产品出口市场。

第二，台湾农产品贸易对大陆一直保持逆差。这与两岸贸易中台湾处于绝对的顺差地位恰恰相反（2010年台湾对大陆贸易顺差额高达860.1亿美元①）。如表1—4所示，1989～2010年，台湾农产品贸易对大陆一直保持逆差，逆差额在1.32～4.16亿美元之间波动。加入WTO之后的2002～2006年，两岸农产品贸易呈稳定的上升趋势。表现在几个方面：（1）台湾自大陆进口农产品总值和比例逐年增加；（2）台湾出口至大陆农产品的总值和比例逐年增加；（3）台湾对大陆农产品贸易逆差逐年减小，由2002年的3.01亿美元减小至2006年的1.32亿美元。2007年和2008年连续两年，两岸农产品贸易额突破了11亿元，但同时台湾对大陆农产品贸易逆差又有大幅回升，达到2.8亿美元。2009～2010年，台湾对大陆农产品贸易逆差额较之前呈现逐步下降的趋势。

第三，两岸农产品贸易基本体现了比较优势的原则，呈现出较强的互补性。如台湾由大陆进口植物性中药材、酒类等，而向大陆出口花卉及种苗、热带水果、远洋渔产品、皮革等具有竞争优势的农产品。

第四，在一些种类的农产品上，大陆已经成为台湾重要的进出口市场。如在牛皮革、猪皮革、羊毛、其他农耕产品、羽毛及羽绒等农产品的出口上，大陆是台湾排名第二、三位的重要市场；在玉米、杂类、其他农耕产

---

① 2010年1—12月大陆与台湾贸易、投资情况，http：//www.gwytb.gov.cn/lajm/lajm/201101/t20110128_1737103.htm。

品、牛皮革、棉花等农产品的进口上，大陆也是台湾排名第二、三位的重要市场①。2008 年，在鱿鱼冷冻出口上，大陆已经成为台湾最大的出口地，占台湾此类水产品出口总值的 30.5%；在牛皮革的出口上，大陆成为台湾仅次于香港的出口地，占台湾此类农产品出口总值的 27.2%；在羽毛及羽绒的出口上，大陆是仅次于日本的出口地，占台湾此类从产品出口总值的 14.0%②。

第五，大陆在台湾农产品对外贸易中扮演越来越重要的角色。1999 年，大陆首次进入台湾农产品的前十大出口市场（位居第十名），且其名次呈不断上升的趋势。2006～2010 年，中国大陆已稳居台湾农产品出口市场的前五强（表 1—5）。

表 1—5　2006～2010 年台湾主要农产品五大出口市场和进口市场

排名		1	2	3	4	5
2006	出口市场	日本	香港	中国大陆	美国	越南
	进口市场	美国	澳大利亚	日本	马来西亚	中国大陆
2007	出口市场	日本	香港	中国大陆	美国	越南
	进口市场	美国	中国大陆	日本	澳大利亚	马来西亚
2008	出口市场	日本	中国大陆	香港	美国	越南
	进口市场	美国	日本	澳大利亚	中国大陆	马来西亚
2009	出口市场	日本	香港	美国	中国大陆	越南
	进口市场	美国	日本	澳大利亚	泰国	中国大陆
2010	出口市场	日本	中国大陆	香港	美国	越南
	进口市场	美国	巴西	澳大利亚	日本	马来西亚

资料来源：根据台湾“财政部关税总局”资料整理。

三、存在的问题及原因

2008 年马英九上台之后，六次“陈江会”的举行，ECFA 的签订以及两

① 陆云：两岸农业经贸关系与发展：http：//www.huaxia.com/zt/pl/05—073/2005/00382205.htm。

② 数据资料来源于台湾“行政院”农业委员会台湾农产品外销网。

岸经济合作委员会的成立，取得了一系列的实质性成果，两岸经济往来不断正常化、制度化，但是农业议题却一直是“禁区”。其中，两岸农产品贸易至今仍基本处于“单向”状态，大陆市场对台湾商品全面开放，台湾当局出于种种考虑，采取了限制大陆农产品进口的政策。按照“台湾地区与大陆地区贸易许可办法”规定了两岸农产品贸易和投资采取“间接贸易”和“正面列表”的方式进行有限交流，“间接贸易”一直延续到两岸均加入 WTO 之后的 2002 年，而限制性的“正面列表”则实施至今。目前，台湾地区所有贸易货品中农产品有 2246 项，截至 2008 年 2 月 15 日，台湾地区允许自大陆进口（含有条件进口）的农产品 1415 项（占全部农产品的 63％）[①]。

两岸农业投资方面，虽然大陆是台湾农业对外投资的主要对象，农业投资又关乎农业的长期发展，但民进党执政期间，台湾当局对前往大陆投资的农民和农民团体“视而不见”，国民党执政后，政策重点仍是大陆农产品进口的防疫检疫，以及农业的智慧财产权保护等问题，缺乏长期对大陆农业投资的指导方案与管理策略。

台湾当局在与大陆农业交流与合作方面一直采取回避的态度，甚至“谈农色变”，主要有政治和经济两方面的原因：

第一，政治因素是进一步发展两岸农产品贸易的最大障碍。台湾当局在防范台湾农业技术跟着水果登陆而转移[②]以及所谓伤害台湾农业竞争力、保护台湾农民利益等借口下，拒绝开展两岸农业合作与扩大农产品贸易。事实上，台湾当局害怕大陆有统战的目的。2009 年，台湾农业产值只占 GDP 的 1.55％，对台湾经济发展的影响并不大，而台湾农民占台湾总人口的 12.9％（2009 年），农业发展和稳定农民民心的政治意义远远大于经济意义。此外，台美贸易对台湾农产品贸易具有深刻的影响，美国一直是台湾重要的贸易对象，而农产品贸易一直扮演着平衡台美贸易的重要角色。

第二，经济上能否真正获利也是台湾当局考虑的一个重要因素。过去二十多年的农业合作，在他们看来似乎没有收益只有损失。因此，问题的关键

---

① 商务部网站 http：//tga.mofcom.gov.cn/aarticle/a/jinqidongtai/200805/20080505548130.html。

② 单玉丽，台湾农产品贸易的困境与出路，亚太经济，2006.4，P77。

是他们能从两岸农业合作中得到什么？目前，台湾农业面临老农、休耕、农业竞争力降低等一系列的问题，如果能够通过两岸农业合作解决问题，台湾当局何乐而不为？近期，笔者拜访了台湾农业界一些专家、学者，向他们请教了一个问题，“台湾希望通过两岸农业合作得到什么?”比较一致的看法是：“希望可以和大陆共同开拓更大的农产品市场，前提是台湾不扩大开放大陆的农产品进入台湾市场。”显然，更大的农产品市场意味着能增加农产品的销量，而农产品的销量增加就能在一定程度上解决台湾农业衰退、土地休耕等问题。那么，通过两岸农业合作能实现他们的愿望吗？目前看来并不容易。首先，国际农产品市场本来就是全球贸易自由化进展相对滞后的一个市场，世界各国政府给予的保护程度普遍高于其它市场。进入 21 世纪以来，各国对检验检疫、食品反恐、农产品身份认证、知识产权、食品标签等非关税壁垒的运用有增无减。其次，大陆国内农产品市场本身还存在市场体系不完善、市场信息不畅通、农产品质量不高、市场运行主体组织化程度不高等问题；在国际市场上有竞争力的农产品并不多，加入 WTO 后还面临较大的农产品进口压力。再次，现实的情况是，无论国际市场还是国内市场，水果、花卉以及茶叶等农产品大陆和台湾是处于竞争的态势。因此，本来农产品市场空间就很有限，想要扩大谈何容易。既然很难得到自己想要的，台湾方面不愿意合作也就在情理之中。

第二节　两岸农业交流与合作平台的建设

一、各种形式的农业交流

两岸的农业交流具有广泛性，从先期以学术研讨、技术交流等为主要形式到逐渐进入相互参观、考察的深入阶段。主要表现在：第一，两岸农业交流与合作参与的人员在不断增加，层次不断提高，范围不断扩大，内容不断丰富。交流的人员除了企业界人士，还包括众多的农业专家、教授与农业社团组织，两岸高层级学术研讨会上，双方主要的官员也以专家身份直接参与交流；交流的内容则扩展到农业发展方向的探讨、农业合作模式的讨论、农业管理经验的交流、农业技术、水土保持、农田水利、农产品批发市场建设和运作、农村经济组织的构架与运作等领域[①]。第二，技术交流方面，早在20世纪70年代就有台湾部分优良品种经第三地引进大陆。两岸政策开放后，大陆从台湾引进的种源与优良品种的范围和种类不断增加，同时台湾也逐渐从大陆引进种源。更多的技术交流还是通过台商投资于大陆农业领域，使得大陆在植物组织培养、脱毒技术、工厂化育苗技术、速冻保鲜、包装技术、畜产品综合深加工、有机生物肥等领域取得了较大进展[②]。

近两年，随着两岸经济关系的逐步正常化、制度化，从2009年11月江苏省委书记梁保华开始，大陆多个省市一把手陆续率团访台，农业的交流与合作是其中重要的组成部分。湖北省委书记罗清泉亲自走访当地农户，山东将加大对台湾工农产品采购力度，浙江省省长吕祖善访台期间，浙台农业合作达成多项成果，浙江省新农村建设促进会与台湾海峡两岸农业协会签订了《高级农民培训合作意向书》，义乌国际森林产品博览会组委会与南投县农会签订了《南投县森林产品赴义乌森博会展示展销合作协议》，浙江省茶叶公司与南投县农会签订了《茶叶产销合作协议》[③]。值得一提的是，一些民进党人士在两岸农业交流与合作这一问题上的态度有所转变。2008年7月12日至19日，云林县县长苏治芬到大陆北京、天津行销农产品，成为首位访问大陆的绿营县市长[④]；民进党籍台南县长苏焕智于2010年6月15日至23日率团到北京、上海等地推销台南芒果，举办推广活动。2011年1月14日至20日，屏东县长曹启鸿率团前往青岛、日照及福建厦门等地，进行农产品营销与农业参访。这些都为扩展两岸农业交流的空间创造了良好的条件。

目前，两岸农业的交流与合作已不仅限于通过各种形式的论坛、研讨会、博览会等来促进农业技术、农业市场信息的沟通，2009年7月20日～22日由农业部海峡两岸农业交流协会与台湾省农会共同主办、在上海朱家角镇举行的首届“两岸乡村座谈——大交流背景下两岸基层农业交流与合作”

---

① 常英伟、黄景贵，台湾资本在海南农业中的投资现状、绩效、问题及对策分析，海南广播电视大学学报，2005.4，P68。

② 吴爽，两岸农业产业交流现状、问题与对策，科技创业，2007.5，P91。

③ “浙台农业合作达成多项成果”，http：//www.gwytb.gov.cn/gzyw/gzyw1.asp? gzyw_m_id=2392。

④ “绿营县市长首登陆 云林县长将奔赴大陆参访”，http：//www.fjsen.com/taiwan/2008－07/08/content_520589.htm。

活动。2010 年 6 月，浙江省省长吕祖善访台期间，来自浙江的五个村长与高雄县燕巢、大树、六龟乡五个村长，讨论两岸农业产销现况；吕祖善表示，这是交流第一步，将来要建立长期合作机制，从五个村长增加到五十个、五百个，让两岸农业合作更牢固①。这些都标志着两岸农业的交流与合作已经从单纯的技术层面和农产品贸易阶段步入了两岸基层农业生产者、组织者直接交流和沟通的新阶段②。

二、海峡两岸农业合作试验区和农民创业园

虽然在 1990 年前后，台湾农业开始陆续投资大陆，但受气候、土壤、环境的影响，投资地域主要集中在海南、福建、江苏等地，规模不大，小的只有几十亩地，大的不过 200、300 亩地，多以蔬菜、花卉水果和养殖业为主。据清华大学台湾研究所刘震涛所长介绍，1991 年，他随国务院领导去海南考察，看到了几家由台湾农民经营的“反季节”甜瓜，虽然品质较好，市场也欢迎，但据说这还不是台湾最好的品种。随着农业各项交流的展开，大陆对台湾农业有了较为全面、深入的了解，再加上这些先期进入大陆投资农业的实践，也为我们提供了很多经验，逐渐地对深化两岸农业合作有了新的思维，于是开创两岸农业合作试验区的模式应运而生。归纳起来，成立试验区的目的有三个：（1）引进先进的农业技术，并有利于知识产权方面得到保护；（2）创造条件将分散的小规模的农业经营，扩大成规模经营，有利于提升规模效应；（3）结合大陆农村的实际情况，吸收台湾农业组织的某些成功经验，有利于改善大陆农业经营管理状况。这三个目的正如海峡两岸农业交流协会会长于永维曾高度概括的“四个作用”：探路作用、窗口作用、示范作用和辐射作用。而“农民创业园”的目的比较单纯，主要是为了方便台湾个体农民在大陆创业而设置的平台。可见，建立两岸农业合作试验区和台湾农民创业园的目的不尽相同。

自 1997 年 7 月，国台办、原外经贸部、农业部首次批准福建福州、漳

---

① “浙江省长访燕巢 采购 1.3 亿元水果”，中国时报，2010 年 6 月 14 日。

② 葛凤章、金雷，“大三通”背景下两岸基层农业交流与合作——两岸乡村座谈会侧记，两岸关系，2009.8，P46。

州两市为大陆首家海峡两岸农业合作试验区起，目前大陆已有 9 省市相继成立了海峡两岸农业合作试验区；自 2006 年 4 月 10 日，农业部和国台办批准在山东栖霞和福建漳浦设立了首批台湾农民创业园起，目前大陆已有 12 省相继设立了台湾农民创业园。表 1－6 所示为两岸农业合作试验区和台湾农民创业园一览表。

表 1－6 大陆海峡两岸农业合作试验区与农民创业园一览表

合作平台	设立时间	审批单位	设立地区
海峡两岸农业合作试验区	1997 年 7 月	国务院	福建（漳州、福州）
	1999 年 3 月	农业部、原外经贸部、国台办	黑龙江（农垦示范区、哈尔滨、牡丹江、佳木斯、大庆）、山东（平度）、海南省
	2001 年 4 月		陕西（杨凌）
	2005 年 7 月		福建省
	2006 年 4 月		广西（玉林）、广东（佛山、湛江）
	2006 年 10 月		江苏（扬州、昆山）、上海郊区
农民创业园	2006 年 4 月	农业部、国台办	福建（漳浦）、山东（栖霞）
	2006 年 10 月		四川（新津）、重庆（北碚）
	2008 年 2 月		福建（漳平永福）、湖北（武汉黄陂）、广东（珠海金湾）、江苏（无锡锡山）
	2008 年 12 月		江苏（南京江宁）、广东（汕头潮南）、云南（昆明石林）
	2009 年 5 月		福建（莆田仙游）、福建（三明清流）、安徽（巢湖和县）、江苏（淮安淮阴）
	2009 年 11 月		浙江（苍南）、湖南（岳阳）、浙江（仙居）、四川（盐边）、黑龙江（五道岗）
	2010 年 5 月		江苏（盐都）、江苏（江海）、安徽（庐江）、广东（梅县）、浙江（慈溪）

资料来源：根据 http：//www.chinataiwan.org/zt/jlzt/agricultural20y/cyy/，http：//www.chinataiwan.org/zt/jlzt/agricultural20y/syq/ 和 http：//www.agrihx.com/ 整理。

海峡两岸农业合作试验区和农民创业园的建立在促进两岸农业交流与合作方面取得了良好的成效。据不完全统计，截至2008年年底，投资大陆的台资农业企业已有5900余家，投资大陆的农业台资达到69亿美元，进入各试验区和创业园的台资农业企业4800多家，试验区和创业园实际利用台资55亿美元，占台湾投资大陆农业实际金额的79%①。各试验区和创业园从台湾引进了大量优质农产品良种技术；充分利用和发挥项目的带动作用，形成了规模化的台资集中区。在资金、技术、项目带动的同时，台资农业企业和台湾农民带来了先进的经济组织模式、管理经验，也增进了两岸人民的感情交流②。

三、存在的问题

尽管海峡两岸农业试验区和台湾农民创业园在许多方面取得了显著的成效，但是也存在一些问题，使得园区的功能没有得到充分的发挥。根据笔者对一些海峡两岸农业试验区和农民创业园的实地走访，发现主要有以下几个方面的问题：

第一，园区定位模糊。不少地方已将两岸农业合作试验区悄悄地变成了当地政府对外招商引资的新平台，而且投资的也并非全是农业或与农业相关的企业，各行各业的企业都有，与经济技术开发区的区别不明显。政府在招商的过程中，不一定要台资企业，只看实力，谁的实力强谁就可以到园区来投资。如笔者走访的一个园区，50家企业中台资企业不到10家，而且主要以内资为主。另外，各园区之间的重点合作领域存在不同程度的同质化问题，这样必然引起各园区之间的竞争。

第二，政府扶持政策不到位。无论是“试验区”或“创业园”，目前均无特殊的优惠政策，加上园区面积范围一般都只有几平方公里到几十平方公里，区内农户遍布，较难形成整块可耕地，因此有人形容园区是“无政策、无优惠、无支持”的“三无”园区。最突出的问题是建设资金不足，园区前

① 投资大陆的台资农业企业已逾5900家，http://www.dayoo.com，2009年12月17日。

② 张涛、袁弟顺、郑金贵，在新形势下加速构建海峡两岸农业合作新格局——基于对7个海峡两岸农业合作试验区和台湾农民创业园的调研，福建农林大学学报（哲学社会科学版），2009.12(2)，P16～P17。

期投入和后续建设需要大量的资金，包括农户搬迁、土地补偿、基础设施建设等方面，政府的投入是远远不够的。如重庆北碚台湾农民创业园，北碚区每年拨付500万元，重庆市政府拨付500万（连续5年），这些资金对于园区的基础设施建设和土地综合整治的费用是远远不够的。同时当地政府希望引进技术和管理水平较高的项目，但一些台资企业又达不到要求，只好放弃。事实上，由于缺乏比较利益及农业投资回收期长等因素，再加上农业贷款没有保障，农业投资不是企业的最爱。而真正有意前来大陆投资农业的绝非财团、农业企业，而是“小农户”，但由于土地成本太高，他们不一定会选择“农业合作试验区”和“农民创业园”。这表明“园区在替有意前往大陆投资的台商、台农排除各种投资障碍，降低其农业项目投资风险方面做得还很不够”①。

第三，园区软体建设滞后。虽然每个园区都有不少优惠条件，包括较完善的基础设施、税收、土地租金等，但是由于农业的特殊性，投资回收期长，风险比较大，而相应的融资和保险政策不健全。加之台湾的农会制度发展的比较健全，台湾农民、农业企业已经非常依赖农会为他们提供产销、技术、生产、融资等全方位的服务，而在大陆，碰到这些方面的问题几乎无处寻求帮助。这些软体建设的缺失都在一定程度上影响了他们的投资积极性。

第四，没有真正体现出“合作”。在试验区和创业园，很多台资企业都是独资经营，园区只是负责提供基础设施，台资企业的技术溢出效应低，同时区内的农业和区外的农业并无联系，甚至于区内有些台农害怕区外大陆农民“偷学”技术而采取“封闭”措施。并没有真正体现出两岸农业的合作，更谈不上合作的成效。

第五，园区建设中的土地问题和农民问题。一方面，建设园区就要对土地集中经营和管理，如何对农民的土地进行合理流转是首先要解决的一大问题，其次是农业用地违规使用问题。目前许多城市对农业发展的定位是发展都市农业，因此借鉴台湾的成功经验在试验园内发展休闲、观光农业，而发展休闲、观光农业就意味着会有餐厅、招待所及其他必要的配套设施。而这些设施所占用的土地并不属于农业用地，所以就会千方百计地让相关服务与

① 练卜鸣，浅论两岸农业合作交流的迷思与前景，台湾农业探索，2009.8，P12～P13。

农业挂钩，造成事实上侵占农业用地的情况发生，这是在园区开发和营运过程中存在的一个比较棘手的问题。另一方面是要处理好园区所在地农民的问题，除了土地流转、补偿之外，要避免当地农民和台湾企业之间的矛盾，解决好失地农民的就业和收入可持续问题。

第六，对台湾农业知识产权的保护重视不够、措施不力。目前，大陆对台湾农业知识产权的侵害问题比较严重，抢注台湾农特产品地名、仿冒以及各种商标抢注案件时有发生。截至 2008 年 11 月，台湾水果行销大陆可谓在起步阶段，但中国市场上打着台湾品牌的品质不佳的水果已比比皆是，根据分析应是海南岛等地所产。这一情况的出现，已严重影响了大陆消费者对台湾水果的信心，是今后销售必须面对、寻求解决的严峻考验①。

第三节 两岸农业交流与合作的特点和发展趋势

目前，两岸农业交流与合作的特点和发展趋势主要表现在以下几个方面：

一、以农产品贸易为主

农产品贸易是两岸农业交流与合作最活跃的部分，贸易量在波动中不断攀升。由于两岸农业内部结构不同，农产品的种类和质量也有不同，因此两岸民众对农产品的需求有一定的互补性，这就为两岸农产品贸易客观上提供了动力。同时，两岸又各自具有竞争优势的产品，如台湾的水果和花卉，大陆的中药材、名烟名酒等。两岸农产品贸易的依存度在不断提升，2008 年大陆已经位列台湾农产品出口市场的第二名（见表 1－5）。而这一切都还是在台湾当局对大陆严格的农产品贸易限制下实现的，因此，未来随着两岸政治关系的不断缓和，相信台湾农产品贸易政策限制会逐步放宽，特别是 ECFA 的签订，大陆单方面在早期收获清单中同意十八种农、渔产品零关税进入大陆。这无疑为两岸农产品贸易起到了加速作用，两岸农产品贸易的前景会更加乐观。

---

① 《2009 年台湾经济年鉴》，经济日报社，2009 年 5 月版，P87。

二、投资规模不大，地区分布不均匀

由于农业属于缺乏比较利益的产业，投资回收期长，加上台湾在政策上的限制，因此愿意到大陆投资农业，尤其是种植业、畜牧业、渔业、林业等农业初级产品的农民、渔民并不多，投资者主要是一些早期在大陆投资的台湾中小企业，由于转型而“半路出家”的农业生产企业，以及原本从事食品加工业的农业生产企业，投资规模都不是很大，2006～2008年，台湾到大陆投资的农业项目共15个，投资额共4162.2万美元，平均每个项目为277.48万美元①（见表2－1），仅占台湾对大陆投资总额比重的0.15％，同时，台商对大陆农业投资地点相对随机造成地区分布不均。目前投资区域以大陆东南沿海地区为主，主要集中在福建、海南、江苏、上海、广东、浙江、山东7个省市，约占农业投资总额的80％②，目前有投资重心逐渐向西转移到四川、重庆、内蒙古等省市的趋势。同时受到大陆人民生活水平日益提升，内销市场不断扩大的影响，人们对农产品品质和品种的多样化要求越来越迫切，激起了两岸投资者的热情，投资规模逐渐扩大，并且对农业生产基地的选择也更多地与物流、市场条件、当地农业基础资源相结合，出现了相对集中的新格局，这无疑是今后两岸农业合作的新趋势。

三、规模化经营，发展产业链，形成供应链，推进市场化

现代产业发展的重要趋势之一就是一、二、三产业界限日益模糊，未来的农业会包括种植、加工、旅游、培训、展销等一系列关联产业，逐步实现“经营规模化，发展产业链，形成供应链，推进市场化”，有专家称其为“‘一产’×‘二产’×‘三产’＝‘第六产业’”。台资农业企业“公司＋农户”、“公司＋专业合作社＋农户”、“公司＋基地＋农户”等相关经营模式和理念正逐步渗透到两岸农业合作中，带动了大陆农业企业的发展，成为未来两岸农业合作发展的主要趋势之一。天福集团就是一个成功的典范。

---

① 这里的农业指 Agriculture，Forestry，Fishery and Animal Husbandry；《Taiwan Statistical Data Book 2009》Council for Economic Planning and Development，Executive Yuan，R. O. C.（Taiwan），June 2009。

② 李岳云、董宏宇，海峡两岸农产品贸易与农业投资合作，中国农村经济，2003.7，P68。

1992年，在台湾企业经营面临重大危机的台商李瑞河，到福建漳浦创建了天福集团。目前天福集团在中国大陆开设967家“天福茗茶”直营连锁店，天福集团现有天福茶业有限公司茶厂（福建漳州）、天元茶业有限公司茶厂（福建福州）、夹江天福观光茶园有限公司茶厂（四川乐山）、天仁食品厂（福建漳州）、天福茶食品厂（四川乐山）、安溪天福铁观音茶厂、华安天福铁观音茶厂、天福龙井茶厂（浙江新昌）、天福普洱茶厂（云南昆明）等9家生产工厂；2家茶博物院，2个高速公路服务区，1个“唐山过台湾”石雕园，全球第一所茶专业高校——天福茶学院。天福集团集茶业生产、加工、销售、科研、文化、教育、旅游为一体，是当前世界最大的茶业综合企业①。

四、发展精致农业、特色农业、休闲农业

发展精致农业、特色农业和休闲农业是未来农业发展的又一个趋势。从1965年成立第一家观光农园开始，台湾休闲农业已经走过了30多年的发展历程，特别是到20世纪80年代以后，台湾休闲农业发展迅速，呈现出观光农园、市民农园、教育农园、休闲农场、休闲森林、休闲民宿等多元化的发展形态。近年来，台湾又将休闲农业的发展目标定位在“国际观光水准”上，休闲农业由简单的观光农园发展到综合性的休闲农场、休闲农业区②。虽然台湾土地面积有限，但这类观光农业园具有“小而优”、“小而特”的特色。而目前，大陆约有数千家休闲农业企业，并形成了各具特色的产业模式，欣赏民间文化、休闲观光垂钓、登山观景、体验农家生活等休闲旅游已成为许多都市民众假日生活的重要组成部分。2011年2月25日，中国旅游协会休闲农业与乡村旅游分会、中国旅行社协会和中青旅控股股份有限公司在京联合召开发布会，向社会公布了由中国旅游协会休闲农业与乡村旅游分会评定的首批40家全国休闲农业与乡村旅游星级企业（园区），标志着大陆休闲农业与乡村旅游业进入了快速发展、规范提升的新阶段③。因此，休闲

---

① http：//www.tenfu.com/about/about.asp。

② 林国华、曾玉荣、刘荣章、李建华，台湾休闲农业发展模式与经验探讨，台湾农业探索，2007.4，P16。

③ 2010全国休闲农业与乡村旅游星级企业（园区）名单公布，http：//cd.focus.cn/news/2011－02－28/1208462.html。

农业、特色农业将成为未来两岸农业合作的又一亮点。台商王九全先生在江苏昆山创办的“星期九农庄”已经被打造成为海峡两岸农业合作“优秀试验田”，2009 年 6 月 9 日正式被命名为海峡两岸农业合作试验区首个示范点。

星期九农庄又名“星期九休闲生态农庄”，农庄实行多元化发展，集生态美食、动物、蔬果采摘、特色餐饮、香草、花卉于一体，几乎融合了所有农庄的休闲功能。与其他农庄的不同之处在于，它不仅提供了休闲度假场所，还运用了很多台湾的先进农业科技，如已经获得多国专利的游龙播种器和“醋菌”的广泛使用，从而提升自身产品的品质①。虽然规模不算大，但堪称形成了“小而特”、“小而美”的农业新形态。

① 郭婓婓,“星期九农庄”打造海峡两岸农业合作“优秀试验田”，http：//www.agri.gov.cn/kjtg/t20090710_1308878.html。

第二章　两岸农民合作组织制度比较

两岸农业交流与合作已经走过了三十年的历程，主要表现为两岸农产品贸易和台湾对大陆的农业投资。随着 2008 年马英九上台，两岸经济关系逐步缓和，尽管台湾当局明确表示，ECFA 的签订与农业无关，但两岸经贸关系的改善和逐步制度化为两岸农业扩大合作的空间，创新合作的模式，实现两岸农业的共同发展带来了新的契机。2010 年春节期间，中共中央总书记胡锦涛在福建龙岩、漳州、厦门等地考察时专门赶赴漳浦台湾农业创业园看望当地台商，这对于加强两岸农业合作发出了一个非常有利的信号。国台办发言人范丽青在谈到两岸农业合作时，强调要不断加强两岸在农业信息技术、人才培训、农民组织建设方面的交流合作，积极探索开辟两岸农业交流与合作的新渠道、新平台。其中，农民组织建设将作为两岸农业合作的重要领域之一，以农会为主要形式的台湾农民合作组织发展历史悠久，积累了丰富的发展经验，而随着《中华人民共和国农民专业合作社法》的颁布，大陆的农民合作组织的建设也进行得如火如荼。因此本章将对两岸农民合作组织的发展做较全面的比较。

第一节　定义和性质

一、大陆的农民专业合作社

2006 年 10 月 31 日第十届全国人民代表大会常务委员会第二十四次会议通过，于 2007 年 1 月 1 日正式实施的《中华人民共和国农民专业合作社法》（以下简称《农民专业合作社法》），使用了“农民专业合作社”的称谓。同时给出了明确的定义（该法第二条）：农民专业合作社是在农村家庭承包经营基础上，同类农产品的生产经营者或者同类农业生产经营服务的提供者、利用者，自愿联合、民主管理的互助性经济组织。而在该定义之前，对于此类组织的称谓可谓五花八门，如农民专业合作经济组织、农村合作经济组织、农业合作经济组织、农民专业合作组织、农民合作组织以及专业合作社、专业技术协会、专业协会、产业化协会、联合体、研究会等等。

《农民专业合作社法》第一条为："为了支持、引导农民专业合作社的发展，规范农民专业合作社的组织和行为，保护农民专业合作社及其成员的合法权益，促进农业和农村经济的发展，制定本法"。同时规定：农民专业合作社依照本法登记，取得法人资格。

二、台湾的农会

台湾的农民合作组织包括农会、渔会、农田水利会、农业合作社、农业产销班、农业策略联盟等形式，其中农会是最具活力的农民团体和综合性的农业合作组织。因此我们在本文中将以农会作为重点研究对象。

台湾的"农会法"规定：农会以保障农民权益，提高农民知识技能，促进农业现代化，增加生产收益，改善农民生活，发展农村经济为宗旨。农会为法人。农会之主管机关：在"中央"为"行政院农业委员会"；在"直辖市"为"直辖市政府"；在县（市）为县（市）政府。同时，"农会法"还规定了包括经济、金融、推广、保险等方面的21项农会的任务。

三、比较

从两岸相关法律规定中对于农民专业合作社和农会的定义来看，相同点表现在：首先，组织设立的原则相同。大陆的《农民专业合作社法》明确了农民专业合作社的重要原则之一也是"民办、民管、民受益"；而台湾当局通过改革，把农会建成了"农有、农治和农享的公益社团法人"。第二，设立的宗旨相同。最终目标都是为了发展农村经济、保护农民利益、改善农民生活。第三，它们都是法人，都要按规定登记注册。不同点主要有三个方面：第一，大陆的农民专业合作社强调的是其经济功能，而台湾的农会是一个综合性的农民合作组织。第二，大陆的农民专业合作组织向工商行政管理部门登记注册后，成为独立的法人，作为市场主体进行相应的活动和业务。而"县级以上各级人民政府应当组织农业行政主管部门和其他有关部门及有关组织，依照本法规定，依据各自职责，对农民专业合作社的建设和发展给予指导、扶持和服务”（《农民专业合作社法》第九条)。并没有明确的主管机关；而台湾的农会是一个半官方的组织，农会的各项事务要受确定的主管机关的监督和指导。第三，成员的构成不同。在大陆，具有民事行为能力的公民，以及从事与农民专业合作社业务直接有关的生产经营活动的企业、事业单位或者社会团体，都可以成为农民专业合作社的成员；而台湾的“农会法”对会员资格（分正式会员和赞助会员）及其相应的权利都有严格的规定。

第二节　发展历程

一、大陆农村合作组织发展历程

在民国时期，我国就有合作社思想的传播，并有许多实践的尝试，如华洋义赈会在河北香河、梁漱溟在山东邹平、晏阳初在河北定县进行的合作社试验。1921 年中国共产党成立后，合作社运动是工农运动的重要组成部分。新中国成立后，合作社的发展又经历了农业合作化运动时期、人民公社时期以及改革开放后的农民合作组织的起步、发展和不断规范等几个阶段①。吕新业、卢向虎（2008)、于建嵘（2007)、胡振华（2009)、汪小平（2007）等在研究大陆农民合作组织问题时，都曾对其发展历程做了总结和概括。其中，于建嵘先生的研究较为详细和全面，如表 2－1 所示。

表 2－1　中国农村合作组织发展历程表

时间	组织	特点	功能	评论	备注
民国时期（1911－1949）	早期合作组织	精英分子推动组织	经济互助、社会服务性	总体数量不多，覆盖面小，不具有普遍性，也未对中国农村社会发展造成全局性或根本性的影响	

① 吕新业、卢向虎，新形势下农民专业合作组织研究，中国农业出版社，2008.6，P8～P24。

续 表

时间	组织	特点	功能	评论	备注
新中国成立初期（1952—1957）	互助组	互助			
	初级合作组织	生产资料互助	经济、主要解决粮食生产问题	按自愿、互利的原则，几户或十几户组成的小规模组织	带有社会主义萌芽性质
	高级合作组织	土地入股、集体经营	经济共有	以运动方式搞合作化，严重违背“入社自由、退社自由”原则，为后来“左倾”冒进错误埋下了伏笔	社会主义性质，不是真正的合作组织
社会主义建设时期（1958—1978）			政治+经济	成员变成单纯的劳动工具；无法衡量个体劳动效率，无法调动个体积极性；异化成为政治服务，意识形态色彩极浓	不是合作组织
改革开放初期（1979—1991）			经济合作	农业合作组织还仅仅处于起步阶段，它们中的大多数只能称作“协作体”，不是真正意义的合作组织	
社会主义市场经济体制建立和发展时期（1992—2006）			经济合作	农村合作组织不仅得到快速发展，而且组织的内容和形式也得到了较大创新	
专业合作组织法颁布实施时期（2007— ）			经济、社区等公共事业		政治性维权组织尚未得到法律认可

资料来源： 于建嵘，2007年讲稿。胡振华，中国农村合作组织分析：回顾与创新，北京林业大学博士学位论文，2009.4，P59。

二、台湾农民合作组织发展历程

台湾农民合作组织包括农会、农业合作社、农业产销班和农业策略联盟等，其中最重要也最具有官方色彩的是农会，而其他形式则是随着台湾农业的发展和农民自身的需要而不断产生的。从1900年成立第一家台北县三角涌（今三峡镇）农会起，台湾农会的发展已经有一百多年的历史，主要的发展历程如表 2—2 所示。

表 2—2　台湾农民合作组织发展历程表

主要形式	发展历程	相关法律	性质	功能
农会	日据时代（1900—1945）	《台湾农会规则》8 条和《台湾农会规则施行规则》27 条（1908 年）、《台湾农会令》（1938 年）、《农业团体法》（1943 年）、《台湾农业会施行规则》（1944 年）	半官方	综合性：经济性、教育性、社会性和政治性
	光复后至农会改组前（1945—1953）	修正“农会法”（1948 年）、《改进台湾省各级农会暂行办法》（1952 年）		
	农会改组至“农会法”公布前（1953—1974）			
	“农会法”公布后（1974—　）	新“农会法”（1974 年）		
农业合作社	经历了与农会的分分合合。1949 年农会与合作社合并；1952 年合作社的发展停止；1974 年合作社重新受到重视，颁布了“农业合作社法”。	“合作社法”（1974 年）	民间	专业性、综合性（业务）
农业产销班	1970 年产生，1992 年颁布《农业产销经营组织整合实施要点》。		民间	专业性
农业策略联盟	成立于 2000 年		民间	专业性

三、比较

从大陆和台湾农民合作组织的发展历程来看，大陆农民合作组织的发展更加曲折，新中国成立以后到改革开放之前，曾经一度严重违背合作社的原则，异化成为政治服务，意识形态色彩浓厚。改革开放之后，建立在家庭联产承包责任制基础上的各类农民合作组织应运而生，发展势头良好，但也存在许多问题，如组织规模小、制度安排缺失、官办色彩浓厚、开展业务的局限性很大等①。2007 年 1 月 1 日颁布实施的《中华人民共和国农民专业合作社法》，是我国农民专业合作组织建设与发展史上的里程碑，成为农村经济发展的重要力量。截至 2009 年 12 月底，全国农民专业合作社 24.64 万家，比 2008 年底增长 122.2%；实有入社农户约 2100 万户，占全国农户总数的 8.32%②，农民专业合作社的覆盖面还很小。

台湾的农会虽然先后经历了官治和绅治等不同阶段，但农会的发展具有连续性，覆盖面广，其体制、机制、功能、业务等都在不断完善与提升，现在已经成为一个组织严密、结构合理、分工明确的民主管理组织。台湾现有农会组织遍及各行政区域，截止到 2009 年 11 月，台湾共有各级农会 302 家③；到 2008 年，各级农会拥有个人会员 1，810，748 人，其中正式会员 1，005，826 人，占会员总数的 55.55%，赞助会员 804，922 人，占会员总数的 44.45%④。

第三节 主要功能

大陆的农民专业合作社与台湾的农会相比，其发挥中介作用的范围、方式和达到的目标效果有较大的差别。

一、大陆——经济功能

目前，大陆的农民专业合作社“以其成员为主要服务对象，提供农业生产资料的购买，农产品的销售、加工、运输、贮藏以及与农业生产经营有关的技术、信息等服务”（《农民专业合作社法》第二条）。因此，大陆的农民专业合作社发挥的主要是经济方面的服务功能，根据我国农民专业合作社提

① 吕新业、卢向虎，新形势下农民专业合作组织研究，中国农业出版社，2008.6，P22。

② 截至 2009 年 12 月底，全国农民专业合作社 24.64 万家，三农在线一农民日报，2010 年 3 月 19 日。

③ 该数据参考自台湾省农会网站 http：//www.farmer.org.tw/first.htm。

④ 该数据参考自《台湾区各级农会年报》（2009 年版）。

供的服务，可分为技术服务型、采购型、销售型、加工型和综合型五种基本类型，其中技术服务型和产加销综合服务型是其主要形式①。改革开放后三十多年的发展过程中，各种形式的经济性质的农民合作组织对解决三农问题的作用是毋庸置疑的，主要表现在：增加农民收入，提高了农民的科学文化素质，在一定程度上促进了农村经济的发展；更重要的是加强了农民和政府之间的沟通，促进了政府职能的转变，同时加快了农村民主管理的进程。但同时也暴露出不少问题，这些问题阻碍了经济功能的充分发挥和有效性，主要表现在两个方面：第一，政府职能的缺失与越位同时并存。缺失表现为对农民合作组织的财政支持力度太小、金融支持也很有限，不能有效解决农村相关行政部门（村委会、粮食部门、国家农业生产资料供应部门、农村信用社等）与农民合作组织的利益关系问题；越位主要表现在：农民合作组织没有明确的主管部门，造成相关部门（农业局、农委、科协、农技站、经管站等）都参与管理，最后导致行政色彩浓厚，农民参与的积极性降低。第二，农民合作组织自身的问题。一方面表现为组织内部管理机制和运营机制不完善（决策不民主、职能不完善、业务单一）造成组织的发展能力弱，稳定性差；另一方面表现为农民文化层次低、技术水平低、合作能力不强，组织的技术、管理人才缺乏。

二、台湾——综合功能

台湾农会是其当局农业政策的执行机关，同时也是农民表达、维护自身利益的一个重要机制。借助于农会，台湾农民具有了与行政当局谈判的重要能力，从而可以保障自己的权益不受侵害②。目前，大多数文献把台湾农会定位为“多目标、多功能”的农民合作性团体。如图 2－1 所示，台湾的农会兼具经济性、政治性、教育性和社会性功能。

① 吕新业、卢向虎，新形势下农民专业合作组织研究，中国农业出版社，2008.6，P34。

② 王春光，土地政策、农会组织与台湾农村发展，中国农民组织建设国际研讨会，2004 年，海南。

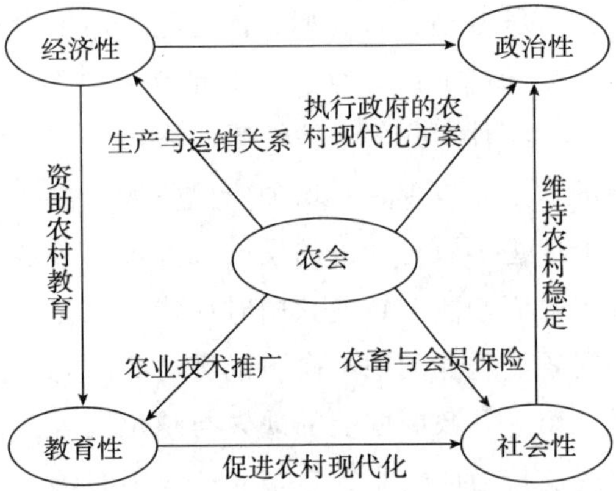

图 2—1　台湾农会多功能目标

资料来源：廖坤荣，台湾农会与农村永续发展：公私伙伴途径分析，两岸乡村治理比较，社会科学文献出版社，2008.11，P302。

台湾“农会法”规定，农会的任务包括以下二十一项：(1) 保障农民权益、传播农事法令及调解农事纠纷；(2) 协助有关土地农田水利之改良、水土之保持及森林之培养；(3) 优良种籽及肥料之推广；(4) 农业生产之指导、示范、优良品种之繁殖及促进农业专业区之经营；(5) 农业推广、训练及农业生产之奖助事项；(6) 农业机械化及增进劳动效率有关事项；(7) 辅导及推行共同经营、委托经营、家庭农场发展及代耕业务；(8) 农畜产品之运销、仓储、加工、制造、输出入及批发、零售市场之经营；(9) 农业生产资材之进出口、加工、制造、配售及会员生活用品之供销；(10) 农业仓库及会员共同利用事业；(11) 会员金融事业；(12) 接受委托办理农业保险事业；(13) 接受委托协助农民保险事业及农舍辅建；(14) 农村合作及社会服务事业；(15) 农村副业及农村工业之倡导；(16) 农村文化、医疗卫生、福利及救济事业；(17) 农地利用之改善；(18) 农业灾害之防治及救济；(19) 代理公库及接受行政机构或公私团体之委托事项；(20) 农业旅游及农村休闲事业；(21) 经主管机关特准办理之事项。这些任务涵盖了农业金融、保险、加工、贸易、教育、农业推广、医疗卫生等广泛的业务内容。因此，我们说台湾农会发挥中介功能的范围广，方式多样，在保障农民权益、改善农民生活、促进农业现代化以及维持农村稳定等方面扮演了非常重要的角色。

三、比较

从两岸农民合作组织功能的对比来看，二者的共同点表现在它们都是连接农民与行政机关的中介，都具有经济功能。不同点主要表现在：第一，台湾农会的功能具有综合性，而大陆的农民专业合作社只具有单一的经济功能；第二，通过农民合作组织功能的发挥达到的目标效果不同。农会是台湾最重要的农民合作组织，除此之外，也有像大陆一样主要承担经济功能的农业合作社、农业产销班和农业策略联盟等农民合作组织，它们主要负责农业生产、加工和流通等生产性业务的工作，它们之所以能够充分发挥在各自领域的功能和作用，一方面由于它们是适应农业发展、市场需要而产生的，更重要的一点是因为它们是农会的有力补充，与农会形成了合理分工的组织结构。而大陆的农民专业合作社由于市场化程度、政府政策、农民素质、组织自身运作等主客观、内外部各方面因素的障碍使得其多方面的经济功能不能有效协调，发挥好应有的作用。

第四节　主要模式

一、大陆农民合作组织的模式

目前，“公司＋农户”是大陆农民专业合作社的典型模式①，包括“合同契约式”和“出资参股式”。“合同契约式”主要包括三种形式：（1）“龙头企业＋农户”。这类模式是一种契约关系固定的松散联合，主要是公司同乡政府、村委会或中介组织签订购销合同，这些地方机构或中介组织再给农户下订单或者龙头企业直接与农户签订合同，与农户发生产销关系。这种模式一方面解决了农户生产、销售当中的一些问题，同时企业也能获得较稳定的货源；但另一方面，由于企业与农户对长期合作的预期差、双方的交易关系中缺乏足够的信任，没有形成相互激励、相互约束的利益调节机制，容易产

① 汪小平，农民专业合作经济组织的成长与发展研究，华中科技大学博士学位论文，2007.10，P66～P69。

生短期行为，双方都有违约的可能。(2)“公司＋合作社（协会）＋农户”。作为联系公司与农户的中介，合作社一方面为农户提供购买生产资料、技术培训等服务，另一方面作为集体组织，能够在一定程度上加强农户与政府的沟通，提高与公司讨价还价的能力，从而保护农户的利益。但是合作社是否能够扮演好农户“代言人”和利益“维护者”的角色要取决于合作社管理层的综合素质及合作社内部完善的管理监督机制和利益调节机制的建立。(3)“公司＋大户＋农户”。在该模式中，大户和合作社的作用基本相似。但大户与合作社又有不同，一方面受资金、人才、技术等限制，他们不可能为农户提供一些相应的服务，另一方面，他们与合作社相比，可能有更强的利润最大化动机的驱动，因此在处理与公司和农户两方面的关系时，出现问题的可能更大，会使这种本来就松散的契约关系变得更不稳定。

“出资参股式”是指农户以土地或资金向企业入股，农户可以作为投资者获得资本收益或土地使用权转让带来的收益，而企业则可以获得生产建设需要的土地资源、增强资本实力，从而实现企业与农户利益的双赢。而这种方式一方面存在企业控股者剥夺农户知情权、损害农户利益的风险；另一方面意味着农户要承担企业的经营风险，尤其是以土地入股，如果企业一旦经营失败，如果土地不能复垦，农户将遭受严重的利益损失，甚至失去了最基本的生存保障。

从以上对大陆农民专业合作社典型模式的介绍，我们可以看出无论是采取什么方式，“公司＋农户”都是在公司主导下的一种模式，农户很少有真正参与管理和决策的权利，农户的利益不能得到很好的保障，不能够体现农民专业合作社的“民办、合作、民管、民受益”的重要原则。

二、台湾农民合作组织模式

台湾的农会之所以能够发展百年，不断完善，成为东南亚最好的农会组织之一，一方面由于其功能强大、业务范围广泛，更重要的一点取决于其运作的模式，主要体现在其严密的组织结构和民主的管理模式。

从台湾基层农会组织结构图（见图2—2）我们可以看到，台湾农会主要开展经济、金融、推广、保险四项事业：(1) 经济事业。包括农产品共同运销、生产资料、生活资料供应、农产品加工制造及行政机构委托业务等。(2) 金融事业。

包括接受存款、汇款及代理公库（以行政机构支农资金为主）、合作金库及土地银行等金融机构对农民的贷款业务等。（3）农业推广事业。包括农事推广教育、农民教育（主要指手、脑、身、心四健推广教育）、家事辅导及农业新闻与信息传递。（4）保险事业。包括财产保险、人身保险、农作物保险、家畜保险四类。

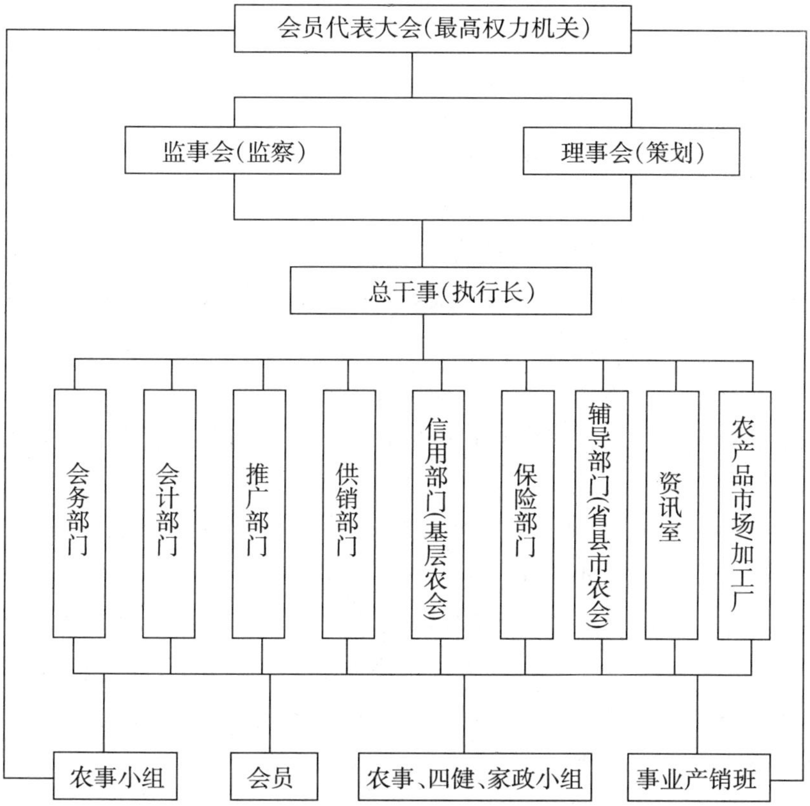

图 2—2　台湾基层农会组织结构图

资料来源：台湾省农会网站，http：//www. farmer. org. tw/first. htm。

农会组织的体制和运行机制的良性运作也是战后台湾农会成功发展的重要原因之一。首先，它得益于多功能一元化的组织体制，让农会各事业部门之间可以产生相互支持的加乘效果，一般农民可以同时透过农会取得各种的服务，构成一个交互支持的立体服务体系。对于农民生活、农业经济以及农村建设都带来积极正面的意义（林宝安，2008）。第二，法律的明确规定和依法进行的民主选举，使台湾农会具有了坚实的社会基础和可靠的组织保证。第三，农会已经基本形成了利益互补机制，具有较强的自我发展能力。在农会所开展的主要业务中，技术推广、农民教育、专业培训为主要内容的推广事业和保险服务一般是亏损的，运销业务对于农会来说仅能获得微利，信用业务是盈利的。通过信用服务的盈利来贴补其他业务的亏损，使得农会成为了一个具有自我服务、自我发展的活力的非营利性服务组织（王庆，2008）。

三、比较

通过比较可以看出，两岸农民合作组织主要运作模式主要有以下两方面的不同：

第一，成员之间联系的紧密程度。大陆以“公司＋农户”为主要的农民合作组织，无论是契约式还是入股式，联系都比较松散，组织的各方成员并没有成为真正的利益共同体，以公司为主导也决定了不可能把农民的利益放在第一位。而台湾的农会一方面有严密的组织结构、民主的管理制度，另一方面农会的非营利性决定了它会把维护农民的核心利益真正作为其宗旨并不断完善，从而更好地为农民服务。

第二，行政机关的作用。大陆的“公司＋农户”模式中没有出现政府，但事实上政府相关部门做了不少的工作，从财政的支持、税收的优惠到技术服务等，是否能真正维护农民的权益并使他们获得尽可能大的利益，似乎并没有达到理想的效果。而台湾的农会本身就是一个半官方的组织，它能够很好地执行上级的各项农业政策，同时及时反映农民的诉求，真正为农民谋福利，效果不错。

第五节　案例

一、三重市农会①

（一）发展概况

三重市农会成立于日据时代，旧称为三重埔信用购买贩卖利用组合，附

① 该部分资料主要参考自：三重市农会网站，http：//www.sfa.idv.tw。

属于新庄信用组合，以办理会员之存款及工商界所需之资金贷放为主，因为人口的剧增及地方上热心人士的奔走筹划，遂于1932年正式创立总会。光复后称为农业会，1948年2月改称合作社，直至1949年改为三重镇农会，1962年三重升格为县辖市，农会名称同时变更为三重市农会。在历届理事、监事、会员代表、总干事及各工作人员齐心协力，努力经营，奠定良基，业绩于稳定中成长，累积历年盈余新台币1亿元。

2010年12月台北县升格为直辖市改称新北市，2011年3月此农会改制为三重区农会。三重区居于淡水河岸，北与芦洲市相邻，西与新庄市、五股乡交接，位处台北盆地中央，土地面积为16，317平方公里。人口邻里统计如下表所示：

表2—3　三重区邻里统计（2010年）

区	里数	邻数	户数	男	女	合计
三重	119	2 555	140 187	194 375	195 593	389 968

资料来源：台北县三重市农会2010年度信用部年报。

（二）经营理念与经营方针

1. 经营理念

三重市农会宗旨为保障农民权益，提高农民知识技能，促进农业现代化，增加生产收益，改善农民生活，发展农村经济；但在社会经济的快速发展下，农会已趋向于多角化的经营方式，因此在经营管理方面秉持着诚信稳健，勤勉积极，谦和亲切与专业创新的永续经营。基于这份理想与目标，农会立身诚心，以丰富的专业经验与服务质量，为提升农会形象和服务质量而努力。

2. 经营方针

三重市农会是一个多元化的服务团体，照顾农民，增进福利，促进小区发展，以开创新事业、新产品与新服务精神，迎接未来挑战，追求永续经营。

（三）组织系统图及各部门主要工作职能

三重市农会组织系统图如图2—3所示。以下是各部门的主要工作职能：

1. 会务股工作项目

（1）议事：决议案执行，法定会议纪录报备，召开各种法定会议。

（2）会籍管理：编制会员卡，召开农事小组大会，会员会籍清查及异动登记，受理申请入会。

(3) 人事管理：移交、人事数据管理，人事评议报备、员工保证，员工出勤、奖惩、考核，员额编制、人事数据管理。

(4) 财产管理：处理产权、产权管理，财产登记、维护、保管、修缮，办理财产购置、营缮、招标。

(5) 事务管理：核拨员工薪津、保险、互助金，文具用品、消耗品采购、登记、管理，文书档案管理，收发文、印信管理。

(6) 其他：每年按组召开农事小组大会、举办重阳敬老活动、员工庆生会及分组业务观摩，举办历届选聘任人员联谊活动等。

2. 会计股工作项目

(1) 编审各事业部门预决算，控制执行进度，分析差异原因。

(2) 审核各部门原始凭证，造具记账传票。

(3) 会计期间或年度终了时，编制会计报告，分析财务状况及经营绩效，供决策参考。

(4) 财务控管及资金调度。

3. 推广股工作项目

(1) 四健推广教育：以9～24岁农村青年为对象，透过各种作业组织，灌输各项专业知识、公民教育及组训工作，使青少年手、脑、身、心健全发展，培育未来优秀农民。

(2) 农事推广教育：以成年农民为对象，施予农业新知识、技术，辅导研究班之工作促使降低生产成本，提高产品质量。

(3) 家政推广教育：以农村妇女为对象，教导家庭伦理、亲子教育、预防保健、环境保育，促进安和乐利之农村。

4. 供销部工作项目

(1) 农业仓库，办理政府委托代办业务。

(2) 销售肥料，复合肥料；销售工业原料用盐、民生食用盐；销售有机肥料，指导有机栽培。

(3) 供应农业生产资材、农药。

(4) 发展新兴供销事业体。

(5) 协助乡村型农会农特产品之销售。

5. 信用部工作项目

(1) 收受各种支票，活期（储）及定期（储）存款。

(2) 岛内电汇及跨行跨会汇款。

(3) 办理短、中期及长期放款。

(4) 代收各种税款。

(5) 驻收中华电信公司三重营运处各项电话资费。

(6) 办理各种委托代缴款项，公用事业费用之委托代缴等（自来水费、电费、瓦斯费）。

(7) 受理各机关学校、公司团体员工薪津转账代发业务。

(8) 买卖外币现钞。

其他：票据托收、办理金融卡、语音查询。

6. 保险部工作项目

(1) 农民健康保险。

(2) 代受理老年农民福利津贴申请。

(3) 全民健康保险。

7. 企划室工作项目

(1) 有关法令、财务、业务、信息之搜集、分析、整理与研究事项。

(2) 有关新办事业之规划、研究开发评估事项。

(3) 办理员工训练及人力规划事项。

(4) 其他交办事项。

8. 稽核室工作项目

(1) 负责全会各股、部、室业务之查核，追踪等。

(2) 掌理全会业务、财务与账务之内部控制与稽核制度的运作。

9. 信息室工作项目

(1) 负责农会各项业务计算机化之研究、分析、规划、设计、开发、建置、维护及执行。

(2) 信息系统安全控管制度之建置及执行。

(3) 厘订农会业务计算机化之标准。

(4) 参与推行业务计算机化各项措施之厘定及策划。

(5) 其他交办事项。

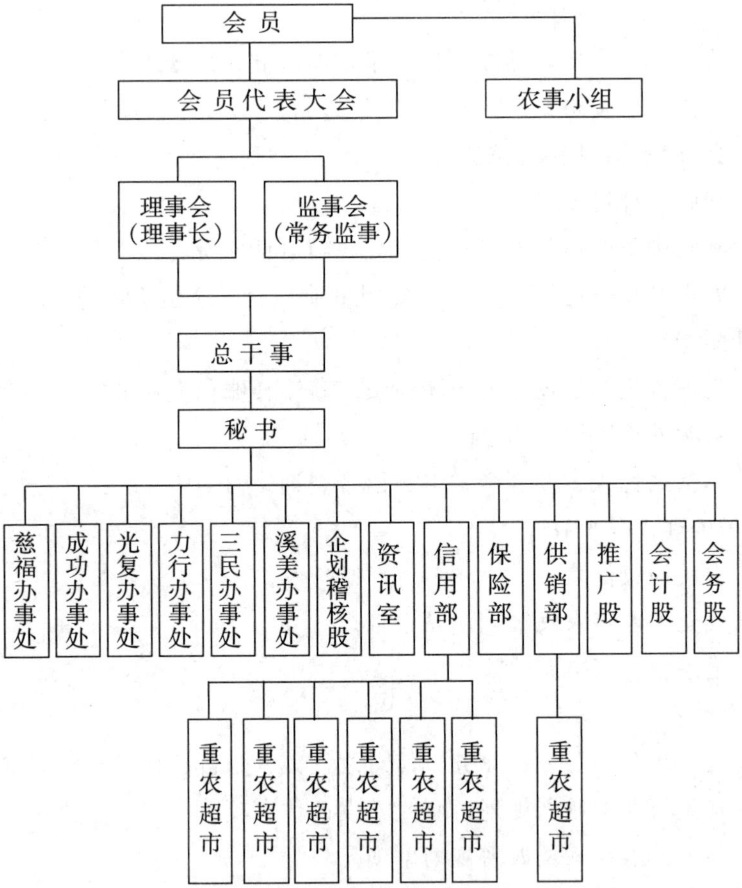

图 2—3　三重市农会组织系统图

资料来源：台北县三重市农会 2010 年度信用部年报。

二、沃德家禽养殖专业合作社

（一）经营模式

2006 年 10 月，《中华人民共和国农民专业合作社法》颁布，标志着农民经济合作组织有了法律上的保障，同时也表明国家对成立农民经济合作组织的鼓励和扶持；2007 年 8 月，国土资源部、农业部下发了关于《促进规模化畜禽养殖有关用地政策的通知》，农民可以用自有非基本农田土地建养殖场，不用报国家审批。在这样的政策背景下，峪口禽业抓住了这个大好的机会，实行了“产权式”农业经营模式（如图2—4所示），这种模式作为一种以政府政策扶持，银行金融支持，农民经济合作组织（沃德家禽养殖专业合作社）与峪口禽业共同投资，峪口禽业统一经营的“四位一体”的经营模式，在政府的大力支持下，在银行和农村经济合作组织的全面参与下，经过峪口禽业不遗余力的稳步实施，达到了“政府要模式，农民要致富，企业要发展，银行要效益”的目的，不仅实现企业生产规模的扩大，而且促进了北京市产业结构升级，提升蛋鸡技术水平，保证农民持续增收。具体讲，这种模式是由农村经济合作组织（沃德家禽养殖专业合作社）出劳力、资金、土地，峪口禽业出资金、技术、品牌、管理，共同形成的紧密的利益联合体（如图2—5所示）。

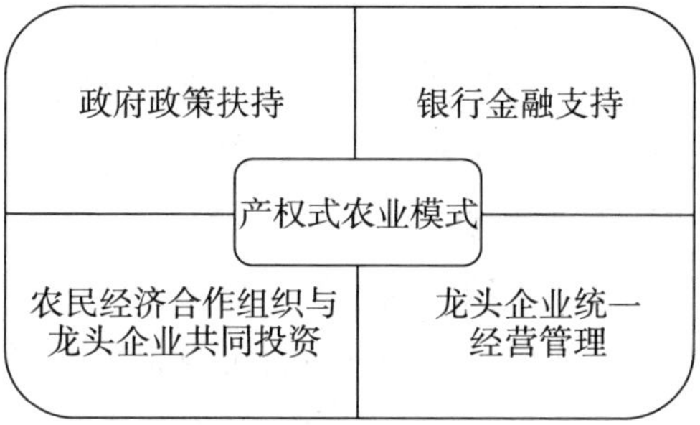

图2—4　“产权式农业”模式

资料来源：2010年6月沃德家禽养殖专业合作社调研资料。

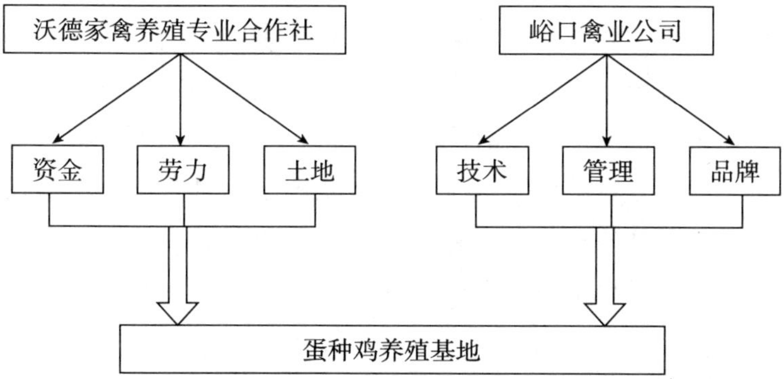

图2—5　峪口禽业公司与沃德家禽养殖专业合作社合作模式

资料来源：2010年6月沃德家禽养殖专业合作社调研资料。

（二）农民如何参与

农民投资回报的方式主要有三种：一种是土地参与，可以获得年800～1000元/亩的土地租金。一种是入资参与，直接入资参与者年不低于15%的投资回报；低保户参与者，企业每年给予1500元。第三种是就业参与，年工资回报1.5万元/人[①]。

（三）存在问题

“产权式”农业经营模式实现了农户、企业、银行、政府四位一体、合作共赢：为企业持续发展创造了条件，为农民致富找到了方法，为银行支持农民贷款找到了支撑点，为政府解决“三农”问题提供了新思路。尽管如此，沃德家禽养殖专业合作社还不能称之为真正的农民专业合作组织。其主要存在以下几个问题[②]：

第一，以企业为主导，合作社似乎只是企业的附属物

在这一经营模式中，峪口禽业在双方合作占强势和主导地位，而沃德家禽养殖专业合作社不过是峪口禽业借助当地村一级行政单位成立的、松散的、甚至可以说是形式上的组织，这一组织的主要职能主要在于：（1）依靠行政力量或者村中传统威权势力，解决在村民与企业合作过程中出现的村民与企业之间的或村民内部的矛盾，规避企业与农民直接沟通产生的成本和风险；（2）由于农民不可以以个体为单位将土地转让给企业，因此采用合作社形式为企业利用农民土地提供法律上的支持。

第二，合作社的成立并不是主要以服务农民为宗旨

合作社的成立实际上是为了解决峪口禽业与当地农民之间的矛盾，并不是以服务农民为宗旨。当时峪口禽业与农民之间的矛盾主要在于：峪口禽业的鸡舍项目需要利用当地农民的土地、资金、人力等各种资源，但在企业与村民的直接沟通中存在村民之间的利益分配不公、对企业的不信任等问题。而这些问题甚至一度使项目陷入停滞，峪口禽业由此寻找出一种解决方案：在村中以村委和具备权威的宗族势力为基础，成立合作社，愿意和有条件合

① 李庆国、马春江，平谷探索出“产权式”农业发展新模式，三农在线－农民日报，2010年4月23日。

② 本节部分观点参考了王臻：《峪口禽业和沃德家禽养殖专业合作社调研报告》，北京零点前进策略有限公司，2010年6月。

作的村民加入合作社。这样，峪口禽业直接和合作社进行沟通，而合作社员内部的问题则在合作社内部进行解决。

第三，农民也没有真正参与实际的经营管理，农民对合作社没有太多的认同

合作社社员通过土地、资金、人力等几种形式入股峪口禽业，这部分股份大约占公司总股份的10%～30%。但是，入股之后，合作社社员并无权利干预企业的决策或管理事务，只是简单地坐等每年的分红。可以说，合作社是用来利用当地资源并给予社员一定利益安抚的名义组织，除了每年开一次社员会议进行相关奖励和分红以外，合作社日常并不办公或有其他活动，部分社员以人力形式入股，即成为峪口禽业的员工，这对合作社及其社员的独立性产生一定的影响。在调研中，通过对一些社员的访谈我们了解到，社员对自己合作社社员的身份认同并不很强，更多在表示对峪口禽业公司的感谢，而从实际状况看来，从农民转型为产业工人，也的确对社员的生活改善起到了非常重要的影响。峪口禽业甚至为当地的五保户提供了一定的分红，相当于救济金，纯属公益性质。但这依然是企业行为，与合作社关联不大。

尽管沃德家禽养殖专业合作社只是我国二十多万家农民专业合作组织当中的一家，但它是一个缩影，反映了目前我国农民专业合作组织发展过程中存在的不少问题。以企业为主导，不以农民为主体仍然是当前农民专业合作组织的一种主要模式，不过是嵌在企业内部的一个名义上的组织，并没有实际上的权利和运作，本质上是企业为缓解和当地村民之间冲突所使用的权宜之计，根本目的是维护企业发展的长期稳定。当然，我们不能否认这一组织在客观上促进了当地农业、农村和农民的现代化、产业化，如果能对合作社的地位和功能进行完善，也是值得推广和借鉴的。

第三章　两岸农业金融制度比较

第一节　台湾农业金融——改革、体系、问题与发展方向

2003年7月10日，台湾“立法院”通过制定的“农业金融法”，并于2004年1月30日正式施行。这一“法律”的颁布实施，是台湾农业发展史上的重要里程碑，使农业金融迈入一元化管理的新纪元，标志着独立于一般金融体系之外的农业金融制度在台湾正式形成。本文将对台湾农业金融改革的背景、体系的形成、存在的问题以及未来发展方向等逐一进行分析。

一、台湾农业金融改革

（一）改革的动因

1. 经济因素

随着经济结构的转换，农业经济占台湾GDP的比重日益下降，加上加入WTO带来的冲击，农业发展面临相当大的挑战，作为台湾主要的农民组织，农渔会的生存和发展也面临相同的困境。其中，信用部是农渔会的主要收入来源（农渔会的盈余，几乎有九成以上来自信用部），由于农渔会信用部属于区域性金融机构，本来就有先天的劣势，如经济规模小、净值低、风险不易分散。加上国际化与自由化带来的金融机构之间的激烈竞争、农渔会信用部服务区域及营业项目受限、农业经营日益艰困，农民收益减少，以致无力偿还贷款等多重因素的影响，导致农渔会信用部的逾放比率逐渐攀升并居高不下，市场占有率下降，获利能力不佳①，竞争力严重衰退，一度成为

① 许振明，台湾的农业金融问题之探讨，国家政策季刊，第三卷第四期，2004年12月，P132～P138。

台湾当局“财政部”金融改革的对象。因此，经济因素是台湾农业金融改革的根本动因。

2. 政治因素

在台湾，农会扮演着准行政机关的角色，在政治势力渗透下，执政党将农会组织纳为政治动员机制的一环，因此对农会组织的管理、辅导与监督等都与执政者的政治目标相互关联。当上级机关赋予农会政治任务时，对农会也给予许多保护措施，农会政治性格愈加凸显，政府对基层金融的监理就会趋于放纵，以致最后监理制度名存实亡①。2000 年民进党上台后，农渔会被贴上国民党地方桩角的标签，黑金②的帽子也随之奉送，民进党想借金融改革之名来消灭信用部的逻辑也就不足为奇了，只要信用部被铲除，农渔会自然也无法生存③。因此，政治因素是台湾农业金融改革的重要原因之一。

3. 体制因素

农渔会信用部在体制上存在的一些先天不足也是促使台湾农业金融改革的重要原因之一。这些不足主要表现在以下几个方面④：第一，农渔会信用部的主管机关不统一，如图 3－1 所示，农渔会信用部的主管机关包括财政部金融司（后来是金管会）、农委会，另外还有内政部，其中农会信用部是财政部在管，人事、财产、业务部分是内政部在管，农业推广、保险是农委会在管，多头领导必然会造成管理及稽核上的疏失及延宕；第二，因为信用部只是农渔会的一个下属部门，不具有独立法人资格，而农渔会本身存在的目的并非为了信用部，所以很难要求农渔会的理事长、干事具备相当的金融专业知识；第三，农渔会信用部营业区域、经营项目受限，造成其无法分散风险并影响其竞争力；第四，农渔会信用部经营规模小且因盈余大部分需要

---

① 廖坤荣，台湾农会信用部经营管理的道德危险研究，公共行政学报，第十七期，2005 年 12 月，P100。

② 黑金又称作黑金政治，是一种政治现象，黑指黑道，金指金牛，黑金代表政治人物利用暴力和贿选等手段控制地方政治势力，进一步取得官职或民意代表的位置。黑金出身的政治人物，通常在从政的程中，经常又会以贪污等方式来补回在选举时使用的资金或回馈黑道的支持。所谓黑金政治，就是指某些社会经济势力与国家政客勾结，共同盗取国家权柄与社会公众财富，有钱人借着政治权力牟取非法利益。

③ 徐明宜，农业金融体系的形成与展望，http：//old. npf. org. tw/PUBLICATION/TE/094/TE－R－094－005. htm。

④ 李纪珠、邱静玉，当前农渔会信用部改革之评析，http：//www. npf. org. tw/post/3/3470。

支应农会的发展，因此资本累积受限；第五，信用部是典型的“人合组织[①]”，由于其所付出的资金与其所享有的权利并不对等，负责人容易产生道德风险，也容易有政治力量介入；第六，农渔会信用部受到额外的法规限制，由于灵活性不足而容易遭受损失，例如主要将农地作为其担保品。

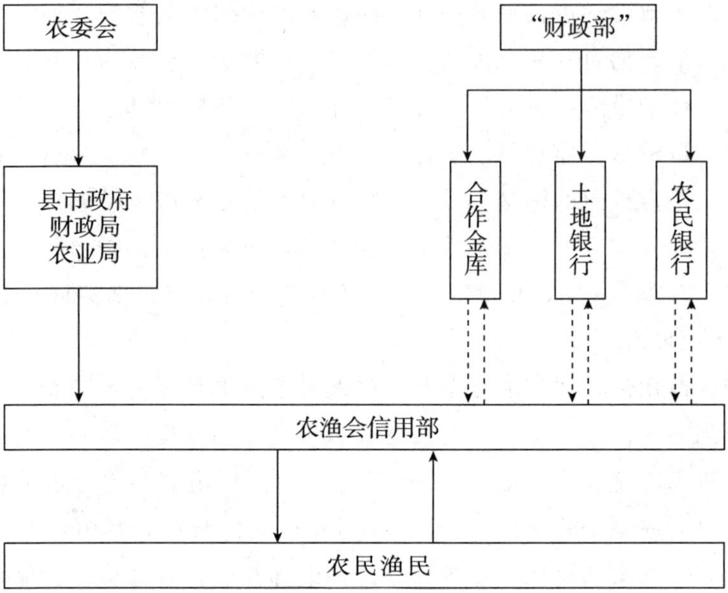

图 3－1 “农业金融法”实施之前的台湾农业金融体系

资料来源：建立以农会为主体之台湾农业金融体系之研究，计划主持人：吴荣杰，台湾省农会委托研究计划，台湾大学农业经济研究所，1999 年 11 月，第 5、6 页。

4. 道德风险

台湾农渔会作为其当局农业政策的代理者，逐步成为“政治性格化”的组织，从而也导致对农渔会信用部的监理失灵，造成四种主要模式的“道德风险”[②]：（1）放款权利未受制约。总干事大权在揽，放款独断专行。授信征信均违反内部控制规范，并未真正做好风险评估，事实上，所有的授信过程

① 人合组织是以组织成员的资格和信誉构成的组织。指组织的经营活动以组织成员个人信用而非组织资本的多寡为基础的组织。这种组织对外进行经济活动时，依据的主要不是组织本身的资本或资产状况如何，而是组织成员个人的信用状况。

② 廖坤荣，台湾农会信用部经营管理的道德危险研究，公共行政学报，第十七期，2005 年 12 月，P83～P112。

都是总干事与监事、理事共谋图利自己，风险损失却由农渔会负担的道德危险结果；（2）分散借款，集中使用。为规避大额授信的限制与其他授信有关规定，以多数人头户贷款，供特定人使用。其中部分授信案例是供总干事或是监事、理事等其他关系人使用，明显违反“银行法”、“农会法”等法律；（3）关系人放款。多数农渔会信用部的放款都直接或间接与总干事、理监事、农渔会代表的关系人有密切的关系，特别是以总干事的亲朋好友等关系人为主，进行人头借款，并投资高风险事业；（4）高估担保品价值。一般是把极不值钱土地甚至外县市偏僻土地以高于市价十几倍以上作为担保品进行放款，一旦无力缴息或偿还本金，最后农渔会所拍卖的抵押土地都无法弥补放款损失。这些道德风险的产生所表现出的农渔会信用部甚至农渔会运作机制的弊端也是台湾农业金融改革的原因之一。

（二）改革的关键问题——农渔会信用部，是去还是留

事实上，台湾农渔会信用部存在的诸多问题由来已久，当局也意识到了解决这些问题的重要性，因此，行政主管部门曾经多次提出过改革的主张（如表3—1所示），这些主张都是针对农渔会信用部存在的问题提出的。而2000年5月民进党执政后想要取消农业金融，让它和一般金融执行同样的法规和标准。因此，改革的关键就成为农渔会信用部的去留问题。

表3—1　历年台湾当局主管部门对农会信用部提出的改革主张

时间	改革主张
1995年	信用部独立成立专业农业银行
1996年	信用部设总经理制度
1997年	乡镇市农会出资成立农业银行，信用部成为其分行
1998年	鼓励农会合并
1999年	编制预算处理问题农会信用部
2000年	成立全国农民银行
其它	如恢复股金制，严格限制理监事及总干事资格

资料来源：李纪珠、邱静玉，当前农渔会信用部改革之评析，http：//www.npf.org.tw/post/3/3470。

尽管台湾农业金融面临经济、政治、制度以及道德风险等诸多问题，但农业金融的特性决定了保留农渔会信用部的必要性。与一般金融相比，农业金融有其特性与弱点，主要有以下几个方面：(1) 周转慢。由于农畜产品生产期较长，所以长期资金需求较大；(2) 风险高。包括农业经营者的个人道德风险，农业生产的自然风险以及农产品市场的价格风险；(3) 波动大。资金需求具有季节性与地区差异性；(4) 单位服务成本高。由于农业经营规模下，所以个别农户的资金需求数额较为零散；(5) 征信难度高。由于农民普遍缺乏完善的农场会计制度，所以农户生活资金需求与农业经营的生产资金需求无法明确划分；(6) 以农地为主要借款担保品。以农地作为担保，房地产不景气时容易变成不良债权；(7) 农业共同设施投资所需资金比重大；(8) 由于投资报酬率相对较低，对低利资金需求殷切①。正是由于农业金融的这些特性决定了农渔会信用部具有一般银行所不可比拟的优点：第一，农渔会信用部深切知道农业资金需求的特质，如金额小、季节性高、无法像一般贷款那样每月分期摊还利息等；第二，农渔会信用部能够深入基层，具有基层的地域及人脉优势；第三，农渔会信用部以满足服务对象为目的，即便并不赚钱，也要服务偏远地区；第四，农渔会信用部提供农渔会推广服务所需的部分资金，节省行政机关编列预算来支持农业的财政负担②。

如果说农业金融的特殊性是保留农渔会信用部的一个重要原因的话，更重要的原因则在于农渔会百分之八九十的收入来自信用部，如果没有信用部，农渔会就失去了存在的基础。2002 年 11 月 23 日，台湾农民举行了“1123 与农共生”大游行，总共号召了 13 万农民走上街头，要求保留农会信用部，展现农会强大的动员能力。他们提出三大主张：(1) 抢救台湾农渔业与农渔民；(2) 农渔民需要农渔会继续提供服务；(3) 制定以农渔会信用部永续经营为主轴之“农业金融法”③。农民大游行获得了成功，民进党考虑到农民选票的问题，于 2002 年 11 月底召开农业金融会议，主要有三个重要决

---

① 吴荣杰，加速制订农业金融法以健全农业金融体系，台湾经济论衡，第 1 卷第 7 期，2003 年 7 月，P5～P6。

② 李纪珠、邱静玉，当前农渔会信用部改革之评析，http：//www. npf. org. tw/post/3/3470。

③ 徐明宜，农业金融体系的形成与展望，http：//old. npf. org. tw/PUBLICATION/TE/094/TE－R－094－005. htm。

定：第一，不仅保留农会信用部，而且农业金融体系由农委会一元化管理，并成立隶属于农委会的农业金融局；第二，决定成立“农业金库”，统一管理所有的农业信用部，主要功能包括收受农会信用部的转存款、资金融通、辅导、查核、金融评估、绩效评监及咨询利用等；第三，出台“农业金融法”，使得这一体系有法可依。事实上，这一决定是给农业金融一个最后的机会①。

二、台湾农业金融体系

改革后的台湾金融体系分为农业金融和一般金融两个部分（如图 4—2 所示），形成了独立于一般金融体系之外的农业金融制度。新的农业金融体系如图 3—3 所示，这里将主要介绍其构成和几个主要部门。

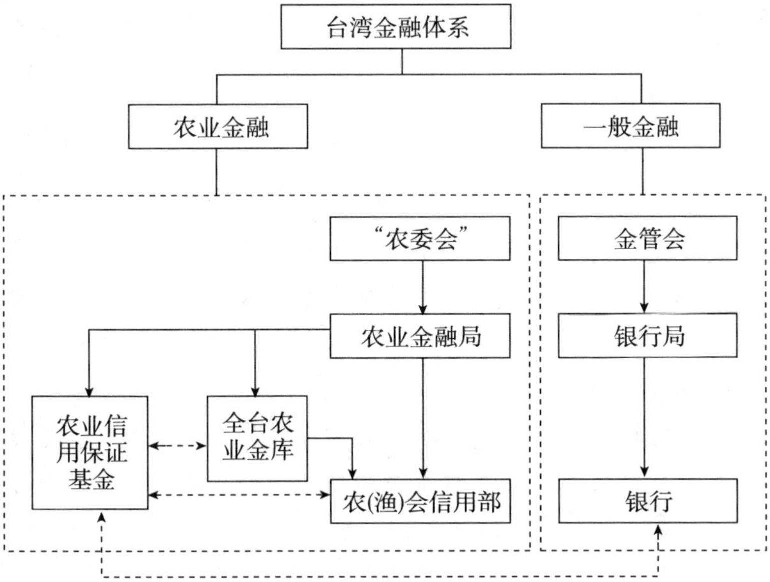

图 3—2　台湾金融体系图

资料来源：宫文萍，农业信用保证基金简报，2010 年 12 月 22 日。

（一）构成

台湾农业金融体系的架构分为农业金融机构、主管机关、相关监理单位

---

① 2011 年 1 月 13 日笔者拜访台大农经系吴荣杰教授，根据其观点整理。

及支持补全单位四个层面①：

1. 农业金融机构：采取二级制架构，上层为全台“农业金库”，下层为农渔会信用部。

2. 主管机关：也采取二级制架构，在上层为“农委会”，在直辖市为直辖市政府，在县（市）为县（市）政府。

3. 相关监理单位：“中央银行”负责涉及外汇业务之监理及“资金最后融通者”角色，并维持支付系统的稳定；行政院金融监督管理委员会接受“农委会”委托办理农业金融机构金融检查；“中央存款保险公司”办理存款保险，保障农业金融机构存款人权益。

4. 支持补全单位：农业发展基金、农业信用保证基金及金融重建基金等三大基金分别提供利息差额补贴、信用保证及弥补经营不善信用部的资产负债缺口等功能。

三、主要部门

1. 农委会农业金融局

农业金融局的成立主要有两个原因，一是原来农业金融的管理机构，包括“财政部”金融司（后来是金管会）、“内政部”、“农委会”，造成多头领导的局面，总会产生一些矛盾；二是金融属于比较专业的部门，需要具有金融专业背景的管理机构。于是，2004 年 1 月 30 日，“农业金融法”正式实施当日，农业金融局正式挂牌成立。

农业金融局的主要职责②包括以下 12 个方面：(1) 农业金融制度及监理政策之规划；(2) 农业金融相关法令之研拟、执行及解释；(3) 农业金融机构本分支机构设立、废止、停业、复业的审核及清理、整顿的处理事项；(4) 农业金融机构业务、财务与人事的管理、监督、检查、辅导及考核；(5) 违反农业金融相关法规的取缔、处分及处理；(6) 农业金融监督、管理与检查相关资料的搜集、汇整及分析；(7) 农业金融机构的合并及处理；

① 饶欣荣，新农业运动——强化农业金融体系执行成效，http：//www.coa.gov.tw/view.php? catid＝13072。

② 台湾农业金融局网站，http：//www.boaf.gov.tw/boafwww/? a＝ct&xitem＝40&ctNode＝207。

(8) 农业融资的规划、督导及辅导；(9) 农贷资金筹措、运用的辅导及利息差额补贴政策的研拟及督导；(10) 农业金融机构与其它金融机构的联系、协调及配合措施的策划及督导；(11) 农业金融机构与其它农业部门业务联系、配合的策划及辅导；(12) 其它有关农业金融的管理及监督事项。

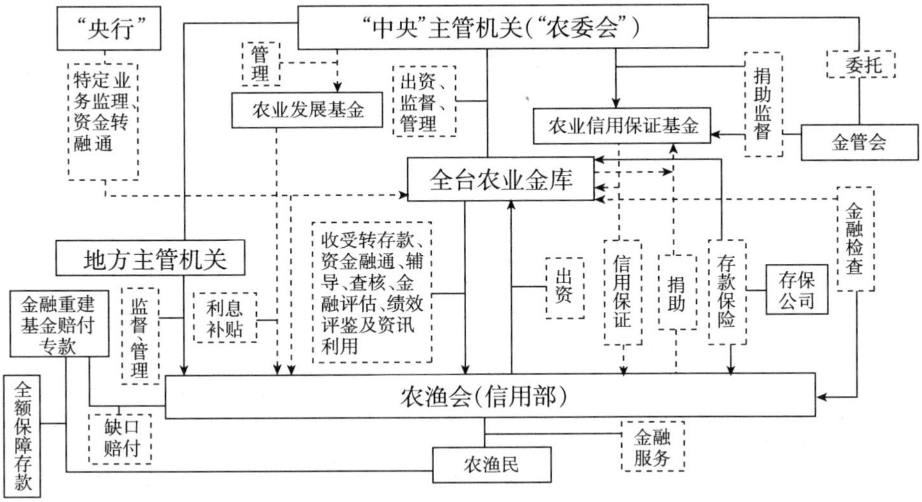

图 4—3　台湾农业金融体系

资料来源：台湾“农业金库”简报《台湾农业金融体系之发展与“农业金库”》，2010 年 12 月 27 日。

2. “农业金库”

(1) 全台“农业金库”的成立

为建构农业金融体系，辅导并协助农渔会信用部事业发展，办理农、林、鱼、牧融资及稳定农业金融，促进农业经济发展，全台“农业金库”于 2005 年 26 日开业，2005 年成立时，其行政当局出资 49%、农渔会出资 51%。2009 年完成增资，其行政当局持股 44.5%、农渔会持股 51.4 %、其它农业团体持股 4.1%。

(2) “农业金库”的性质①

一方面，“农业金库”与一般商业银行一样，要受“中央银行”、“金管

① 2011 年 1 月 13 日笔者拜访台大农经系吴荣杰教授，根据其观点整理。

会”的管理、监督和检查；另一方面，“农业金库”有一些特殊的政策任务。主要包括：第一，协助各农渔会信用部改善经营环境、增强竞争力；第二，辅导各农渔会信用部的业务，同时进行内部监督。目前，“农业金库”有29位金融辅导员对农渔会信用部进行辅导和监督，以避免一些弊端出现，防患于未然。如果有问题出现，农委会农业金融局有权进行接管和整顿。而事实上，“农业金库”也和其他一般金融机构一样，会有道德风险，主要原因在于为了保护广大储户的利益，行政当局一般都不会让金融机构倒掉。因此，对于“农业金库”的管理和运作，应该用尽可能健全的制度和完善的法律进行约束，尽可能减少和避免道德风险的产生。

(3)“农业金库”的业务范围

依“农业金融法”第22条及第23条规定，全台“农业金库”业务范围包括：① 办理重大农业建设融资与行政机构农业项目融资；② 办理配合农、渔业政策之农、林、渔、牧融资；③ 办理“银行法”第71条①各款（一般商业银行可办理之业务）所列业务；④ 收受农渔会信用部余裕资金转存款及资金融通；⑤ 办理辅导农渔会信用部业务及财务查核；⑥ 办理农渔会信用部金融评估、绩效评鉴及信息共同利用；⑦ 其它经中央主管机关会商银行法主管机关及其它有关机关核准办理之业务。

(4)“农业金库”在农业金融体系中的作用②

首先，“农业金库”可以为各农会信用部扩宽业务领域，增加收入。如由于农会信用部一般规模比较小，信用卡公司不愿和他们签约，即使签，也不会有太多优惠，但如果“农业金库”统一与信用卡公司签约，就能获得更多的优惠，对于农会信用部和信用卡公司来说是两全其美的事。而且农民通过信用卡在信用部就可以缴纳各种税费，方便了他们的生活。再如联合贷款。对于大额贷款业务，如县市政府的贷款，由于单个的农会信用部都没有

① 台湾“银行法”（2004年）第71条：商业银行经营下列业务：1. 收受支票存款；2. 收受活期存款；3. 收受定期存款；4. 发行金融债券；5. 办理短期、中期及长期放款；6. 办理票据贴现；7. 投资公债、短期票券、公司债券、金融债券及公司股票；8. 办理国内外汇兑；9. 办理商业汇票之承兑；10. 签发国内外信用状；11. 保证发行公司债券；12. 办理国内外保证业务；13. 代理收付款项；14. 代销公债、国库券、公司债券及公司股票；15. 办理与前十四款业务有关之仓库、保管及代理服务业务；16. 经主管机关核准办理之其它有关业务。

② 2011年1月13日笔者拜访台大农经系吴荣杰教授，根据其观点整理。

这种业务能力，就可以由“农业金库”先接下这些大额业务，再分给各相关农会信用部，增加他们的业务量。不存在“农业金库”和他们抢生意的问题。其次，实现在农业金融体系内，农民一卡一折走遍全台湾。目前，正在进行各农渔会信用部之间的联网，不久就可以实现这个目标。

3. 农渔会信用部

(1) 主要特点

目前，台湾共有301家农渔会信用部，1154个分支据点[①]。尽管农渔会信用部在制度上存在一些问题，但是毫无疑问，作为最深入基层的金融机构，农渔会信用部有许多一般银行无法比拟的优势[②]：第一，营业时间。一般银行的营业时间为9：00—15：30，而农渔会信用部则是7：00—21：00，也就是说营业时间的制定是根据农民的需要，配合农民的时间；第二，存款额度没有限制。多少钱都可以存，农民有时候甚至存的都是硬币；第三，为农民提供优质服务的理念。农渔会要想方设法借钱给有需要的农民，如果不借钱给他们，他们甚至可以和农会信用部“翻脸”。如果数额比较小，可以不用抵押。农渔会信用部尽力为农民提供应急、实时的贷款。

(2) 主要业务

依据“农业金融法”第31条的规定，农渔会信用部的业务范围主要包括以下十个方面：① 收受存款；② 办理放款；③ 会员（会员同户家属）及赞助会员从事农业产销所需设备之租赁；④ 国内汇款；⑤ 代理收付款项；⑥ 出租保管箱业务；⑦ 代理服务业务；⑧ 受托代理乡（镇、市）公库；⑨ 全国“农业金库”委托业务；⑩ 其他经“中央”主管机关核准办理之业务。

(3)“农业金库”与农渔会信用部之间的关系

“农业金库”与农渔会信用部，虽分属上下层金融机构，但二者都是独立法人，所以这两个组织在法律上并无隶属关系。因此，在法律和实务上，就金融事业而论，“农业金库”与农渔会信用部，并无“总行与分行”之实。有学者将其关系定位为“紧密业务策略联盟”[③]。它们之间的关系与一般商业

---

① 台湾“农业金库”简报《台湾农业金融体系之发展与“农业金库”》，2010年12月27日。

② 2010年12月22日笔者拜访台湾农业信用保证基金蔡胜佳董事长，根据其观点整理。

③ 丁文郁，从农业金融法之制定论台湾农业金融制度，两岸乡村发展与治理，五南图书出版股份有限公司，2010年5月，P220。

银行的总分行之间的不同主要表现在以下几个方面：首先，设立的时间先后不同。银行都是先有总行，再有分行，而农业金融则是先有各农渔会信用部，再成立“农业金库”；其次，各农渔会信用部业务独立，互相之间无法调度资金，而一般商业银行总行下属各分行之间的资金是可以相互调度的；第三，责任主体不同。商业银行的总行要负责分行的盈亏问题，而各农渔会信用部要自负盈亏。用一个形象的比喻，各农渔会信用部就像7-Eleven的加盟店而不是直营店，只有统一的品牌和信誉。因此，如何使各农渔会信用部能够逐步形成与“农业金库”和其他农渔会信用部共荣辱的使命感和责任感是未来进一步完善农业金融制度的重要内容之一①。

4．农业信用保证基金

（1）成立及发展

台湾农业信用保证基金的设立主要是为了协助担保能力不足之农渔民增强受信能力，获得农业经营所需资金，以改善农渔业经营，提高农渔民收益；促使农业金融机构积极推展农业贷款业务，以发挥其融资功能；协助参加农业发展计划之农渔民筹措配合资金，以提高行政部分农业政策推行绩效。该基金由当局机关、签约银行及农渔会共同捐助，各单位捐助比例分别为：台湾当局65%，签约银行30%及签约农、渔会5%。截至2010年11月底，累计办理保证案件380 862件，协助农渔民融资达新台币3 209亿9 149万元，对促进农渔产业发展，提高农渔民收入，起到了非常重要的作用②。

（2）保证业务

农业信用保证基金的业务主要包括以下六个方面的内容：① 保证对象。保证对象为实际从事农渔业生产、加工、运销、仓储、休闲农渔业、农渔业发展事业及农渔业生物技术产业等的农渔民或农渔企业；② 贷款用途。主要有四个方面：一是资本支出。包括购买耕地、兴建渔船、购置机器设备等；二是周转金。包括购买肥料、饲料、农药、人工、水电、营运周转等；三是天然灾害复建复耕资金；四是农家生活小额资金；③ 保证范围。贷款本金、6个月利息及法定诉讼费用；④ 保证额度。每一申请人累计保证贷款

① 2011年1月13日笔者拜访台大农经系吴荣杰教授，根据其观点整理。

② 该数据参考自：www.acgf.org.tw。

余额以不超过新台币 500 万元为原则。如有超过，须提经基金董事会核定；⑤ 保证成数。依贷款机构的授信品质、个案贷款金额、担保条件、申请人信用及经营状况等因素，决定个案保证成数，保证成数由 3 成至 9 成不等；⑥ 保证手续费。对于个人客户，每万元一年保证手续费约为 10～70 元，年率为 0.1%～0.7%；对于企业客户，每万元一年保证手续费约为 50～140 元，年率为 0.5%～1.4%①。

三、当前台湾农业金融制度存在的主要问题

农渔会信用部与商业银行相比，有其特有的优势，那就是深厚的群众基础。经过上百年的发展，农会已经成为代表和维护农民利益的组织，是农民最信任的团体。不管地域多么偏远，都有农会的存在，因此，农会信用部遍及台湾城乡的每一个角落，这是其他商业银行无法比拟的。而这种优势并不能掩盖改革之后的台湾一元化农业金融体制仍然存在不少问题。而这些问题就成为农业金融体系良性运转的障碍，如由于农地贬值、愿意从事农业的人越来越少、农业从业人员老化等问题，农民贷款越来越少；农业金融领域积累了大量的剩余资金；农渔会信用部、“农业金库”的业务范围，很难与一般商业银行竞争等。当然，目前一元化的农业金融体制也只是台湾农业金融改革的一次尝试，能走多远尚无定论，不少专家学者也提出了该体制许多致命性的问题，这些问题甚至涉及该体制的“生死存亡”。主要表现在下面两个方面：

（一）成立“农业金库”是否能够解决农业金融问题

“农业金库”自 2005 年 5 月成立近 6 年来，在改善农渔会信用部经营状况（如表 3—2 所示）、有效推展政策性农业项目贷款②方面确实取得了一定的成绩。但是仍有不少学者认为“农业金库”的成立没有太大的必要，因为它和原来的农业合库、土地银行的运作没有什么区别，不少农渔会信用部原来就是农业合库的股东，现在转为“农业金库”的股东。而且目前“农业金

① 宫文萍，农业信用保证基金简报，2010 年 12 月 22 日。

② 政策性农业项目贷款是台湾当局照顾农渔民、扶植农渔民团体及农企业最直接且最有效的管道，它的目的在于支应农、林、渔、牧的发展与转型所需的资金。

库”的贷款中有80%是贷给非农业领域的，在这点上它和一般的商业银行并没有什么区别，只是它要承担各农渔会信用部的转存款，并且要付给他们1.5%的利差。这样看来，各农渔会信用部既是其客户，又是其股东，身份反而有些尴尬，甚至会带来一些经营管理上的问题①。

事实上，“农业金库”与其他银行相比处于相对不具竞争力的环境，一方面其可营业项目是与土地银行、合作金库等农业辅导银行可提供的服务没有区别，另一方面却需要承受多项额外的包袱，例如，在已经有农渔会信用部且经营不错的地方，“农业金库”不准设立分行或办事处，但当农渔会信用部发生问题时，“农业金库”却有义务去救援和接收。因此，“农业金库”的永续存在是有相当阻碍的，除非政府另给予其它额外的协助，否则“农业金库”很难自立永续生存，如果其自身的生存都有困难（如在2008年金融危机期间，“农业金库”投资雷曼兄弟，亏损150亿台币），又怎么能照顾好其下的农渔会信用部呢?②

表3—2 “农业金库”成立后农渔会信用部经营状况改善情况

项目	2010年10月	2005年5月	差异比较
存款总额（亿台币）	14 802	13 437	＋1 365
放款总额（亿台币）	7 320	5 645	＋1 675
存放比（%）	46.28	39.25	＋7.03
逾放金额（亿台币）	252	761	－509
逾放比（%）	3.46	13.48	－10.02
资本适足率（%）	13.22	10.34	＋2.88
净值（亿台币）	980	805	＋175
逾放比超过15%以上家数（家）	26	107	－81

资料来源：台湾“农业金库”简报《台湾农业金融体系之发展与农业金库》，2010年12月27日。

① 2011年1月14日笔者拜访台大农经系雷立芬教授，根据其观点整理。

② 李纪珠、邱静玉，当前农渔会信用部改革之评析，http://www.npf.org.tw/post/3/3470。

（二）农渔会信用部、农渔会、“农业金库”以及“农委会”、“金管会”之间的关系错综复杂

首先，对于农渔会信用部来说，一方面属于“农业金库”的股东，在一定程度上受“农业金库”的指导和领导，另一方面，作为农渔会主要资金来源的部门，经营业绩的好坏影响到农渔会的生存和发展。其次，对于“农业金库”，一方面肩负政策包袱，要提供较银行优惠的存款利息给农渔会，另一方面对内要对农渔会股东负责，但却又不互相隶属，与农渔会的关系十分奇妙，对外对上同时要侍奉“农委会”（主管政策）跟“金管会”（主管金融检查）两个婆婆①。第三，对于台湾当局来说，“农业金库”本来就是在经营能力及发展空间备受质疑中成立的，同时又希望能兼顾农渔会信用部、农业金库以及农业金融服务三方权益，导致出现许多政策矛盾及规划上的不完善②。因此，这些错综复杂的关系和多重利益主体的不同目标必然会引发一些矛盾和冲突，如将农业金融监管划归为“农委会”而非“金管会”，忽略金融产业的特质，将会形成金融监管上的隐忧。

四、台湾农业金融未来发展方向

（一）整合全台农渔会信用部的资源，并利用庞大的用户网络资源，打造综合性的异业策略联盟

近几年，岛内金融改革的脚步朝向大型化的金控公司前进，包括银行与银行间的水平合并、银行与其它金融机构之间的垂直整合以及金控与金控之间的合并，面对岛内金融的大型化、多角化，农业金融确实也需要整合，才可能与其它金控竞争。“农业金库”的成立，恰好创造这样的机会来整合岛内的农渔会信用部，共同创造竞争优势。例如可运用新金融通路来增加营运收入，经估算每年透过由“农业金库”与农渔会信用部及其分部架构而成的金融通路，其信息共同利用平台的税费手续费收入、保险佣金、信用卡消费等收益，约计有50亿台币的商机；其次也可透过共同议价的方式，降低经营成本，如所有农渔会平日所需的资材及书表，如计算机设备、文具用品、

① 李礼仲，健全“农业金库”之运作挑战重重，http：//www.npf.org.tw/post/1/4698。

② 李纪珠，“农业金库”成立是喜？是忧？http：//www.npf.org.tw/post/1/3369。

服装招牌、传票报表等，都可以联合采购的方式，成立相关之“联采中心”，透过共同议价的方式降低经营成本①。

另外，农渔会信用部具有深厚的群众基础、遍及台湾城乡的每一个角落，这些优势不仅是发展农业金融的优势，同时也是发展农产供销、通路以及农会超市的优势，如果这些领域都能形成一个有效的网络、进行统一的管理，将会在很大程度上提升农业的竞争力、促进农村经济的发展，提高农民的生活品质。未来农会将成为一个富有竞争力的集金融、贸易、物流、商业等于一体的综合性的异业策略联盟。农会的优势加上健全的制度和管理，这个目标是可以实现的。目前在台湾，7-Eleven可以寄送东西、邮局也可以销售日用品，因此这是一个发展趋势。对于农会来说，还有一个好处，可以在一定程度上减小农会之间发展水平的差异，其实现在就有农会之间的帮忙，都市型农会②帮助乡村型农会解决农产品通路的问题③。

(二) 借鉴日本农业金融发展的经验，不断完善相关制度法规，提高农业金融机构的经营效率和竞争力

对于行政管理机构，最重要的是用法规和制度解决问题，这样做往往效率是最高的。为了减少农渔会信用部滥贷的问题，其剩余存款都必须转存到“农业金库”，这些钱大概有三分之一用来放款，剩余的只要符合金管会的规定，就可以进行投资，包括债券、公债、国际金融商品等等，但目前“农业金库”的风险管理做得还不是很好。金融危机期间，金库损失了超过一半的资本额，因此需要增资。事实上，如果“农业金库”经营得好，农渔会信用部对它有信心，是可以渡过难关的。因为日本就有这样的先例，日本的农村中央金库，70%的资金进行对外投资，金融风暴期间损失了全部资本额，但其农渔会信用部在三个月内就完成了增资。因此，台湾农业金融未来努力的

---

① 徐明宜，农业金融体系的形成与展望，http://old.npf.org.tw/PUBLICATION/TE/094/TE-R-094-005.htm。

② 台湾的农会信用部分为城市型、混合型和乡村型。其中，城市型农会信用部是指“某地区农会会员人口数占当地乡镇人口的比值”低于6%；混合型农会信用部是指“某地区农会会员人口数占当地乡镇人口的比值”高于6%低于13%；乡村型农会信用部是指“某地区农会会员人口数占当地乡镇人口的比值”高于13% 。参考自：戴淑惠，农业金融改革前后对农会信用部经营绩效之比较研究，中原大学硕士学位论文，2007年6月，P2。

③ 2011年1月13日笔者拜访台大农经系吴荣杰教授，根据其观点整理。

方向就是要通过不断地改革和创新，形成像日本的农协银行体系（JA Bank System）那样的农业金融。更重要的是让农渔会和农渔会信用部之间的关系有所改善，因为金融是很专业的领域，因此要实现所有权和经营权的分离。也就是说，农渔会信用部的经营管理权真正属于“农业金库”，包括人事的任免，农渔会的总干事能够真正放权并认可。只有这样，农业金融机构才可能真正提升经营效率和竞争力。

（三）台湾农渔会信用部的改革对农会未来发展的影响——农会组织再造

台湾农渔会存在已有百年历史，其所扮演肩负发展农村经济、照顾农渔民生活之功能与贡献毋庸置疑，农渔会未来在台湾农业经济发展与结构转型方面仍具有关键性的作用。信用部作为农渔会收入的主要来源，其风险性表现得越来越强。因此，农渔会信用部的改革是一个必然的趋势，也是农会体制改革的一个部分。2000 年左右，由于台湾金融业的高度竞争，有 36 家农渔会信用部由于经营亏损被政府收掉，这些农会便失去了收入来源。因此，他们不得不想办法寻求新的途径去获得收入以维持农会的运转。从那时起，信用部盈利的农会也居安思危，开始多元化经营，拓展供销业务，政府也放宽了农会的投资范围，农会开始投资一些公司，包括运销公司、农产贸易公司、农商超市、农业休闲等等。农会的多元化经营获得回报的同时，也使得农民得到了实惠。事实上，农渔会信用部的改革在一定程度上促进了农会组织的再造，股金制的恢复、总干事遴选制度、农会干部素质、权力的制衡、义务与责任的厘清①等方面的改革已经或者在未来都将是农会改革的重要内容。

① 徐明宜，农业金融体系的形成与展望，http：//old.npf.org.tw/PUBLICATION/TE/094/TE－R－094－005.htm。

第二节　大陆农村金融（以村镇银行发展为例）——改革、体系、问题与发展方向

一、农村金融改革——新型农村金融机构的构建

改革开放三十多年来，大陆农村金融改革经历了曲折的历程，在农村信用社体制改革、农村政策性金融改革、农村民间金融管理体制改革以及新型农村机构等方面都取得了一些进展。特别是 2006 年 12 月 20 日发布的《中国银行业监督管理委员会关于调整放宽农村地区银行业金融机构准入政策，更好支持社会主义新农村建设的若干意见》（以下简称《意见》），提出农村金融市场开放的试点方案，这是近十几年来大陆农村金融领域力度最大的改革举措①。除农村商业银行、农村合作银行、农村信用社等传统农村金融机构外，村镇银行、贷款公司以及农村资金互助社等新型农村金融机构获得了长足的发展，村镇银行是其中最重要的一种形式。因此，本文将主要以村镇银行作为研究对象，探讨其建立、发展、存在的问题以及未来的发展方向。

（一）改革（农村金融市场开放）意义

《意见》② 指出：调整放宽农村地区银行业金融机构准入政策，开放农村金融市场开放，鼓励新型农村金融机构的发展，主要意义是“为解决农村地区银行业金融机构网点覆盖率低、金融供给不足、竞争不充分等问题，中国银行业监督管理委员会按照商业可持续原则，适度调整和放宽农村地区银行业金融机构准入政策，降低准入门槛，强化监管约束，加大政策支持，促进农村地区形成投资多元、种类多样、覆盖全面、治理灵活、服务高效的银行业金融服务体系，以更好地改进和加强农村金融服务，支持社会主义新农村建设”。

① 王曙光，农村金融改革 30 年历程与基本经验，乡土重建——农村金融与农民合作，中国发展出版社，2009 年 6 月，P10～P16。

② 《中国银行业监督管理委员会关于调整放宽农村地区银行业金融机构准入政策，更好支持社会主义新农村建设的若干意见》，中国银监会，2006 年 12 月 20 日。

（二）改革（农村金融市场开放）的主要内容①

1. 放开准入资本范围。积极支持和引导境内外银行资本、产业资本和民间资本到农村地区投资、收购、新设以下各类银行业金融机构：一是鼓励各类资本到农村地区新设主要为当地农户提供金融服务的村镇银行。二是农村地区的农民和农村小企业也可按照自愿原则，发起设立为入股社员服务、实行社员民主管理的社区性信用合作组织。三是鼓励境内商业银行和农村合作银行在农村地区设立专营贷款业务的全资子公司。四是支持各类资本参股、收购、重组现有农村地区银行业金融机构，也可将管理相对规范、业务量较大的信用代办站改造为银行业金融机构。五是支持专业经验丰富、经营业绩良好、内控管理能力强的商业银行和农村合作银行到农村地区设立分支机构，鼓励现有的农村合作金融机构在本机构所在地辖内的乡（镇）和行政村增设分支机构。

2. 调低注册资本，取消营运资金限制。根据农村地区金融服务规模及业务复杂程度，合理确定新设银行业金融机构注册资本。一是在县（市）设立的村镇银行，其注册资本不得低于人民币 300 万元；在乡（镇）设立的村镇银行，其注册资本不得低于人民币 100 万元。二是在乡（镇）新设立的信用合作组织，其注册资本不得低于人民币 30 万元；在行政村新设立的信用合作组织，其注册资本不得低于人民币 10 万元。三是商业银行和农村合作银行设立的专营贷款业务的全资子公司，其注册资本不得低于人民币 50 万元。四是适当降低农村地区现有银行业金融机构通过合并、重组、改制方式设立银行业金融机构的注册资本，其中，农村合作银行的注册资本不得低于人民币 1000 万元，以县（市）为单位实施统一法人的机构，其注册资本不得低于人民币 300 万元。

取消境内银行业金融机构对在县（市）、乡（镇）、行政村设立分支机构拨付营运资金的限额及相关比例的限制。

3. 调整投资人资格，放宽境内投资人持股比例。适当调整境内企业法人向农村地区银行业法人机构投资入股的条件。境内企业法人应具备良好诚

① 《中国银行业监督管理委员会关于调整放宽农村地区银行业金融机构准入政策，更好支持社会主义新农村建设的若干意见》，中国银监会，2006 年 12 月 20 日。

信记录、上一年度盈利、年终分配后净资产达到全部资产的10％以上（合并会计报表口径）、资金来源合法等条件。

资产规模超过人民币50亿元，且资本充足率、资产损失准备充足率以及不良资产率等主要审慎监管指标符合监管要求的境内商业银行、农村合作银行，可以在农村地区设立专营贷款业务的全资子公司。

村镇银行应采取发起方式设立，且应有1家以上（含1家）境内银行业金融机构作为发起人。适度提高境内投资人入股农村地区村镇银行、农村合作金融机构持股比例。其中，单一境内银行业金融机构持股比例不得低于20％，单一自然人持股比例、单一其他非银行企业法人及其关联方合计持股比例不得超过10％。任何单位或个人持有村镇银行、农村合作金融机构股份总额5％以上的，应当事先经监管机构批准。

4. 放宽业务准入条件与范围。在成本可算、风险可控的前提下，积极支持农村地区银行业金融机构开办各类银行业务，提供标准化的银行产品与服务。鼓励并扶持农村地区银行业金融机构开办符合当地客户合理需求的金融创新产品和服务。农村地区银行业法人机构的具体业务准入实行区别对待，因地制宜，由当地监管机构根据其非现场监管及现场检查结果予以审批。

充分利用商业化网络销售政策性金融产品。在农村地区特别是老少边穷地区，要充分发挥政策性银行的作用。在不增设机构网点和风险可控的前提下，政策性银行要逐步加大对农村地区的金融服务力度，加大信贷投入。鼓励政策性银行在农村地区开展业务，并在平等自愿、诚实信用、等价有偿、优势互补原则基础上，与商业性银行业金融机构开展业务合作，适当拓展业务空间，加大政策性金融支农服务力度。

鼓励大型商业银行创造条件在农村地区设置ATM机，并根据农户、农村经济组织的信用状况向其发行银行卡。支持符合条件的农村地区银行业金融机构开办银行卡业务。

5. 调整董（理）事、高级管理人员准入资格。一是村镇银行的董事应具备与拟任职务相适应的知识、经验及能力，其董事长、高级管理人员应具备从事银行业工作5年以上，或者从事相关经济工作8年以上（其中从事银行业工作2年以上）的工作经验，具备大专以上（含大专）学历。二是在乡

（镇）、行政村设立的信用合作组织，其高级管理人员应具备高中或中专以上（含高中或中专）学历。三是专营贷款业务的全资子公司负责人，由其投资人自行决定，事后报备当地监管机构。四是取消在农村地区新设银行业金融机构分支机构高级管理人员任职资格审查的行政许可事项，改为参加从业资格考试合格后即可上岗。五是村镇银行、信用合作组织、专营贷款业务的全资子公司，可根据本地产业结构或信贷管理的实际需要，在同等条件下，适量选聘具有农业技术专长的人员作为其董（理）事、高级管理人员，或从事信贷管理工作。

6. 调整新设法人机构或分支机构的审批权限。上述准入政策调整范围内的银行业法人机构设立，分为筹建和开业两个阶段。其筹建申请，由银监分局受理，银监局审查并决定；开业申请，由银监分局受理、审查并决定。在省会城市所辖农村地区设立银行业法人机构的，由银监局受理、审查并决定。

其筹建行政许可事项，其筹建方案应事前报当地监管机构备案（设监管办事处的，报监管办事处备案）。其开业申请，由银监分局受理、审查并决定；未设银监分局的，由银监局受理、审查并决定。

上述法人机构及其分支机构的金融许可证，由决定机关颁发。

7. 实行简洁、灵活的公司治理。农村地区新设的各类银行业金融机构，应针对其机构规模小、业务简单的特点，按照因地制宜、运行科学、治理有效的原则，建立并完善公司治理，在强化决策过程的控制与管理、缩短决策链条、提高决策经营效率的同时，要加强对高级管理层履职行为的约束，防止权力的失控。一是新设立或重组的村镇银行，可只设董事会，并由董事会行使对高级管理层的监督职能。董事会可不设或少设专门委员会，并可视需要设立相应的专门管理小组或岗位，规模微小的村镇银行，其董事长可兼任行长。二是信用合作组织可不设理事会，由其社员大会直接选举产生经营管理层，但应设立由利益相关者组成的监事会。三是专营贷款业务的全资子公司，其经营管理层可由投资人直接委派，并实施监督。

二、大陆农村金融体系

经过三十多年的农村金融体制改革，目前我国已经形成了包括商业性金融机构、政策性金融机构、合作性金融机构在内的，以正规金融机构为主导，以农村信用社为核心，新型农村金融机构以及民间金融组织共同发展的农村金融体系（如图 3－4 所示）。各类金融机构的主要农村金融业务和服务对象如表 3－3 所示，其中，村镇银行作为新型农村金融机构中最重要的一种形式，与农民有着密切的内在联系，其内部创新的动力和意识非常强，经过四年多的发展，在实践中创造了很多行之有效的组织形式、运作模式和治理模式。如果能及时总结经验，不断创新和发展，未来将促进大陆农村金融市场的竞争结构、产权结构，使得农村经济发展获得更大、更有效的金融支持。

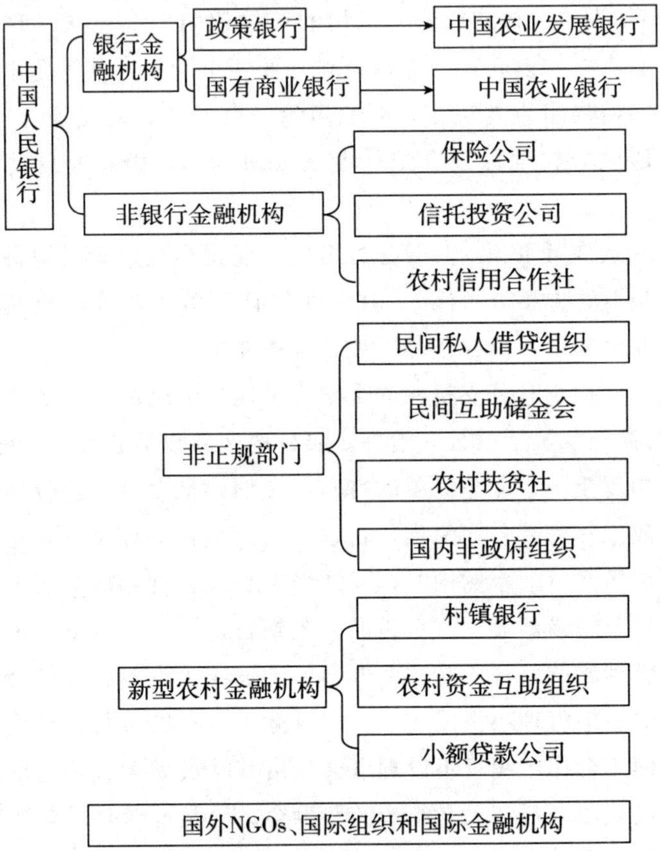

图 3－4　大陆农村金融体系图

资料来源：作者整理。部分参考：何广文等著，中国农村金融发展与制度变迁，中国财政经济出版社，2005 年 11 月，P2。

表 3—3 各类金融机构在中国农村金融市场上的作用

<table>
<tr><th>组织机构</th><th>主要农村金融业务</th><th>主要服务对象</th></tr>
<tr><td>中国人民银行</td><td>维持农村金融市场秩序、监管农村金融机构的业务活动</td><td>正规金融机构</td></tr>
<tr><td>中国农业发展银行</td><td>农副产品国家专储贷款、购销贷款、加工企业贷款、基建和技改贷款、老少边穷地区发展经济贷款、贫困县县办工业贷款、农业综合开发贷款、财政贴息农业贷款</td><td>粮食营销企业、政府有关部门、加工企业</td></tr>
<tr><td>中国农业银行</td><td>农村工商业贷款</td><td rowspan="4">农村企业、农户</td></tr>
<tr><td>保险公司</td><td>农村财产保险、人寿保险</td></tr>
<tr><td>信托投资公司</td><td>农村信托投资</td></tr>
<tr><td>农村信用合作社</td><td>吸收存款、农户小额贷款、小型农村工商业贷款</td></tr>
<tr><td>农村扶贫社</td><td>农户小额贷款</td><td rowspan="2">农户</td></tr>
<tr><td>农民互助储备金</td><td>农户储蓄和农户小额贷款</td></tr>
<tr><td>村镇银行</td><td>农户、农村企业的小额贷款</td><td>农户、农村企业</td></tr>
<tr><td>农村资金互助组织</td><td>农户、农村企业的小额贷款</td><td>农户、农村企业</td></tr>
<tr><td>小额贷款公司</td><td>农户、农村企业的小额贷款</td><td>农户、农村企业</td></tr>
<tr><td>非政府组织</td><td rowspan="2">农户小额贷款</td><td rowspan="2">农户</td></tr>
<tr><td>国际组织</td></tr>
</table>

资料来源：作者整理。部分参考：何广文等著，中国农村金融发展与制度变迁，中国财政经济出版社，2005 年 11 月，P3。

（一）村镇银行的界定及性质①

村镇银行是指经中国银行业监督管理委员会依据有关法律、法规批准，由境内外金融机构、境内非金融机构企业法人、境内自然人出资，在农村地区设立的主要为当地农民、农业和农村经济发展提供金融服务的银行业金融

① 参考自：中国银行业监督管理委员会关于印发《村镇银行管理暂行规定》的通知，2007 年 1 月 22 日。

机构。

村镇银行是独立的企业法人，享有由股东投资形成的全部法人财产权，依法享有民事权利，并以全部法人财产独立承担民事责任。

村镇银行股东依法享有资产收益、参与重大决策和选择管理者等权利，并以其出资额或认购股份为限对村镇银行的债务承担责任。

村镇银行以安全性、流动性、效益性为经营原则，自主经营，自担风险，自负盈亏，自我约束。

村镇银行依法开展业务，不受任何单位和个人的干涉。

村镇银行不得向关系人发放信用贷款；向关系人发放担保贷款的条件不得优于其他借款人同类贷款的条件。

村镇银行不得发放异地贷款。

村镇银行应遵守国家法律、行政法规，执行国家金融方针和政策，依法接受银行业监督管理机构的监督管理。

（二）大陆村镇银行发展概况

根据《意见》的相关指导精神，银监会制订了详细的大陆村镇银行发展计划（如表3－4所示），预计到2011年底，大陆的村镇银行将达到1131家。同时，自2006年12月《意见》出台以来，相关部门也制定了一系列鼓励村镇银行发展的政策，不断完善对村镇银行这种新型金融机构的管理、监督和指导，从而促进其健康发展，这对大陆农村金融结构的提升和农民信贷现状的改善将起到积极的重要作用。主要表现在以下几个方面：第一，村镇银行的建立实现了农民金融机构产权主体的多元化，而这种股权结构的变化最终使得村镇银行的内部治理结构和激励约束机制与原来的农村信用社迥然不同；第二，村镇银行的成立促进了区域之间的竞争，使得跨区域的资金整合成为可能，而这种跨区域的竞争对于提高资金使用效率、改善地方金融生态、先进地区金融经验向后进地区渗透具有极为重要的意义；第三，村镇银行引进了更多的外资银行加盟到中国的农村金融市场，有助于大陆农村金融总体质量的提高；第四，村镇银行的建立还使得大陆现有政策性金融机构、商业性金融机构和合作金融机构有了更丰富多元的投资选择，使他们可以借助新型的金融平台，把资金有效投入到新农村建设中①。

表 3—4 大陆村镇银行发展计划表

地区分布	序号	省（区、市）/计划单列市	试点地点合计	2008 年年底前经批准的试点指标数量	2009～2011 年计划试点数量			
					小计	其中		
						2009 年	2010 年	2011 年
东部地区	1	北京	9	2	7	3	2	2
	2	天津	13	2	11	3	4	4
	3	河北	77	1	73	13	28	35
	4	辽宁	46	4	42	28	7	7
	5	上海	13	1	12	3	4	5
	6	江苏	58	6	52	21	17	14
	7	浙江	35	5	30	11	9	10
	8	福建	8	2	6	2	2	2
	9	山东	98	1	97	17	15	65
	10	广东	18	2	16	3	6	7
	11	海南	8	0	8	2	3	3
	12	大连	6	2	4	3	1	0
	13	青岛	5	2	3	3	0	0
	14	宁波	16	2	14	5	5	4
	15	厦门	2	0	2	1	0	1
	16	深圳	6	0	6	2	2	2
	小计		418	32	386	120	105	161

① 王曙光，村镇银行的意义和挑战，乡土重建——农村金融与农民合作，中国发展出版社，2009 年 6 月，P54～P56。

续表

地区分布	序号	省（区、市）/计划单列市	试点地点合计	2008年年底前经批准的试点指标数量	2009～2011年计划试点数量			
					小计	其中		
						2009年	2010年	2011年
中部地区	17	山西	29	3	26	9	11	6
	18	吉林	16	6	10	4	3	3
	19	黑龙江	30	3	27	11	7	9
	20	安徽	61	2	59	18	18	23
	21	江西	38	3	35	14	10	11
	22	河南	106	2	104	31	34	39
	23	湖北	44	9	35	9	17	9
	24	湖南	13	3	10	4	3	3
	小计		337	31	306	100	103	103
西部地区	25	重庆	22	3	19	9	6	4
	26	四川	12	26	15	7	4	
	27	贵州	55	2	53	19	16	18
	28	云南	125	3	122	13	67	42
	29	陕西	10	2	8	3	2	3
	30	甘肃	30	7	23	7	9	7
	31	青海	2	1	1	1	0	0
	32	宁夏	8	2	6	2	2	2
	33	新疆	27	1	26	7	10	9
	34	广西	16	2	14	5	5	4
	35	内蒙古	43	6	37	11	12	14
	36	西藏	0	0	0	0	0	0
	小计		376	41	335	92	136	107
合计			1131	104	1027	312	344	371

资料来源：中国银监会。

近年来村镇银行发展相关鼓励政策

2006年12月，银监会《关于调整放宽农村地区银行业金融机构准入政策更好支持社会主义新农村建设的若干意见》，放宽了农村地区银行业金融机构准入政策，加大政策支持。

2007年1月，银监会发布《村镇银行管理暂行规定》、《村镇银行组建审批工作指引》，加强对村镇银行的监督管理，规范其组织和行为。

2007年7月，银监会发布《中国银行业农村金融服务分布图集》，全面反映了全国31个省（区、市）、2000多个县（市）、3万多个乡镇的农村金融服务充分程度、竞争程度以及各行政区划范围内银行业机构网点覆盖和服务情况，为有序引导各类资本设立新型农村金融机构提供了决策依据。

2007年6月，《内地与香港关于建立更紧密经贸关系的安排》补充协议四，《内地与澳门关于建立更紧密经贸关系的安排》补充协议四，鼓励香港、澳门银行到内地农村设立村镇银行。

2008年4月，中国人民银行和银监会联合发布《关于村镇银行、贷款公司、农村资金互助社、小额贷款公司有关政策的通知》，明确对四类新型机构的经营管理和风险监管政策。

2009年7月，银监会发布《新型农村金融机构2009年—2011年总体工作安排》，提出了到2011年底在全国设立1294家新型农村金融机构的计划，其中村镇银行1027家、贷款公司106家、农村资金互助社161家。

2010年6月，财政部发布《中央财政农村金融机构定向费用补贴资金管理暂行办法》，规定中央财政对当年贷款平均余额同比增长、年末存贷比高于50%且达到银监会监管指标要求的村镇银行，按当年平均贷款余额的2%给予补贴。

资料来源：近年来村镇银行发展相关鼓励政策盘点，http：//www. chinairn. com/doc/4080/656743. html。

到目前为止，大陆村镇银行的发展经历了两个阶段，第一阶段（2006 年年底至 2007 年 10 月），该阶段在四川、内蒙古、甘肃、青海、吉林和湖北等六省（区）进行试点，共成立了 12 家村镇银行，具体情况如表 3—5 所示。第二阶段（2007 年 10 月至 2010 年末），该阶段扩大了调整放宽农村地区银行业金融机构准入政策试点范围，将试点省份从六个省（区）扩大到三十个省（市、区），截止到 2010 年 4 月底，共有 172 家村镇银行开业，如表 3—6 所示。

表 3—5 试点期间村镇银行开办情况

省（区）	机构名称	成立时间	注册资本（万元）	主发起人
四川	仪陇惠民商业银行	2007—03—01	200	南充市商业银行
	北川富民村镇银行	2007—07—19	531	绵阳市商业银行 国家开发银行
青海	大通开元村镇银行	2007—04—07	2000	国家开发银行
甘肃	庆阳瑞信村镇银行	2007—03—15	1080	西峰区农村信用联社
	泾川汇通村镇银行	2007—03—16	800	国家开发银行
	陇南武都金桥村镇银行	2007—07—20	800	兰州市商业银行
内蒙古	包头市包商惠农村镇银行	2007—04—18	300	包头市商业银行
吉林	磐石融丰村镇银行	2007—03—01	2000	吉林市商业银行
	东丰诚信村镇银行	2007—03—01	2000	辽源市城市信用社
	敦化江南村镇银行	2007—03—28	1000	延边农村合作银行
湖北	仙桃北农商村镇银行	2007—04—29	1000	北京农村商业银行
	恩施咸丰常农商村镇银行	2007—08—18	1000	常熟农村商业银行

资料来源：李萌，村镇银行四年回顾及展望，银行家，2011.2，P107。

表 3—6　2010 年 4 月底 172 家村镇银行地区分布情况

<table>
<tr><th>地区</th><th>省份</th><th>机构数</th><th>地区</th><th>省份</th><th>机构数</th></tr>
<tr><td rowspan="11">东部</td><td>北京</td><td>3</td><td rowspan="3">中部</td><td>湖南</td><td>5</td></tr>
<tr><td>天津</td><td>2</td><td>江西</td><td>5</td></tr>
<tr><td>河北</td><td>1</td><td>吉林</td><td>7</td></tr>
<tr><td>山东</td><td>3</td><td colspan="2">合计</td><td>46</td></tr>
<tr><td>江苏</td><td>11</td><td rowspan="12"></td><td>内蒙古</td><td>9</td></tr>
<tr><td>浙江</td><td>15</td><td>广西</td><td>6</td></tr>
<tr><td>上海</td><td>4</td><td>重庆</td><td>7</td></tr>
<tr><td>福建</td><td>2</td><td>云南</td><td>5</td></tr>
<tr><td>海南</td><td>0</td><td>四川</td><td>12</td></tr>
<tr><td>辽宁</td><td>22</td><td>贵州</td><td>4</td></tr>
<tr><td>广东</td><td>3</td><td>陕西</td><td>3</td></tr>
<tr><td colspan="2">合计</td><td>66</td><td>甘肃</td><td>8</td></tr>
<tr><td rowspan="5">中部</td><td>黑龙江</td><td>5</td><td>新疆</td><td>2</td></tr>
<tr><td>山西</td><td>2</td><td>宁夏</td><td>3</td></tr>
<tr><td>河南</td><td>9</td><td>青海</td><td>1</td></tr>
<tr><td>安徽</td><td>6</td><td>西藏</td><td>0</td></tr>
<tr><td>湖北</td><td>7</td><td colspan="2">合计</td><td>60</td></tr>
</table>

资料来源：王修华、贺小金、何婧，村镇银行发展的制度约束及优化设计，农业经济问题，2010.8，P58。

（三）村镇银行的主要业务①

经银监分局或所在城市银监局批准，村镇银行可经营下列业务：（1）吸收公众存款；（3）发放短期、中期和长期贷款；（3）办理国内结算；（4）办理票据承兑与贴现；（5）从事同业拆借；（6）从事银行卡业务；（7）代理发行、代理兑付、承销政府债券；（8）代理收付款项及代理保险业务；（9）经

① 参考自：中国银行业监督管理委员会关于印发《村镇银行管理暂行规定》的通知，2007 年 1 月 22 日。

银行业监督管理机构批准的其他业务。

村镇银行按照国家有关规定，可代理政策性银行、商业银行和保险公司、证券公司等金融机构的业务。

有条件的村镇银行要在农村地区设置ATM机，并根据农户、农村经济组织的信用状况向其发行银行卡。

对部分地域面积大、居住人口少的村、镇，村镇银行可通过采取流动服务等形式提供服务。

（四）经营模式

根据《村镇银行管理暂行规定》第二章第九条的规定，村镇银行应依照《中华人民共和国公司法》自主选择组织形式。在实际运作过程中，依据村镇银行产权构成和组织形式划分，可分为银行独资、有限责任公司、股份有限公司三种模式①。

1. 银行独资的村镇银行

村镇银行由发起银行全额出资，为发起银行独资的子银行，各项业务并入其发起银行。这种模式的利与弊对于不同的利益主体而言较为鲜明。对发起银行而言，不与其他出资人磋商和磨合，易于决策、执行与监督，直接实施并表监管，充分体现出资银行的意愿。中资银行通过组建村镇银行，直接实现跨区域经营，扩大其在新服务区域的影响力。外资银行通过全资组建村镇银行，简约其步入中国市场的政策屏障，加快人民币经营的步伐，直接参与中国县域银行业的经营。这种模式的弊端在于银行经营本土化的步伐较慢，难以通过产权的协作与要素的优化组合，有效调动多方支持村镇银行发展的积极性，迟滞村镇银行的业务发展。银行独资组建村镇银行，创立与维持费用相对较高，消耗银行的资本基础较大，实现村镇银行的商业可持续相对较难，容易增加出资银行的决策难度，并制约着这种模式的扩大试点。

2. 有限责任公司模式

银行控股、出资人在49名以下的村镇银行被称之为有限责任公司模式。依据银行持股的比重，具体又可以分为银行绝对控股与银行相对控股两种形

---

① 文维虎，不同模式村镇银行利弊分析与建议，中国城乡金融报，http：//bbs.pinggu.org/viewthread.php？tid=649088&highlight=%B4%E5%D5%F2%D2%F8%D0%D0。

式。银行出资占总股本50%以上的，称之为绝对控股。银行出资高于总股份20%低于50%的，称之为相对控股。对于有限责任公司模式的村镇银行，按照相关法律规定，股东会、董事会、监事会对重大事项原则采取票决制，经营及执行一般采取会议与协商方式。这种模式的利弊也十分鲜明。能够促成出资的银行、企业、自然人在村镇银行这一平台上的产权结合，据此实现银行、企业与行政资源在村镇银行的优化与配置，并释放出应有的能量，反之则不然。这种模式可以推进村镇银行的本土化，调动出资人、地方党政、发起银行等各方积极性，降低运行与协调成本，保护合法权益，提升村镇银行的经济与社会影响。因出资人有限，也能够促成重大事项的相对共识，尽快构建村镇银行特有的文化与经营模式。发起银行选择绝对或相对控股村镇银行与否，主要取决于其董事会、资本基础、是否并表及风险隐患的控制能力。

3. 股份有限公司模式

村镇银行出资人多于50个的被称为股份有限公司。依据发起银行的意愿及出资额比重，也可划分为银行绝对控股或相对持股两种形式。这类机构的优势在于：相对容易募集到预先设置的股本金，满足较多参与者的投资愿望；提升其在工商注册登记的管理层次，产生一定的社会影响力；组织和动员相应的股东资源，促成在村镇银行平台的结合；便于县域的招商引资；促进村镇银行的经营本土化。弊端在于协调阶段的成本高，形成相互认同的价值观较为困难，对股份事务的矛盾协调与处理难度较大，股权相对分散，非银行股东的话语权可能下降。

从以上分析可以看出，这三种模式各自具有不同的操作形式，影响着村镇银行的运营与效果。因此，2010年5月，银监会颁布了《关于加快发展新型农村金融机构有关事宜的通知》，提出要探索新型农村金融机构管理模式①：对设立10家以上新型农村金融机构的主发起人，允许其设立新型农村金融机构管理总部，管理总部不受地域限制；对设立30家以上新型农村金融机构的主发起人，允许探索组建新型农村金融机构控股公司；允许西部除省会城市外的其他地区和部分中部地区以地（市）为单位组建总分行制的村

① 参考自：《关于加快发展新型农村金融机构有关事宜的通知》，银监会，2010年5月。

镇银行。这三种发展模式也被专家学者概括为“管理总部制”、“控股公司制”和“总分行制”。而这些不同模式，都是大陆在农村金融上所做的有益探索。无论哪种模式，主导思想首先是调动起积极性，吸引更多的社会资本进入农村金融市场、进入到“三农”领域中①。

三、村镇银行发展中存在的问题

（一）村镇银行目标定位尚不清晰，社会认知度不高

目前，村镇银行目标定位尚不清晰。根据《村镇银行管理暂行规定》，服务“三农”是村镇银行的根本宗旨。一些村镇银行的发起人或出资人把实现利润最大化作为自身最大的追求目标，而农民作为弱势群体，农业、农村经济作为高风险、低效益的弱势经济，受自然条件和市场条件的影响巨大。在农业政策性保险严重缺乏的情况下，受利益驱使，村镇银行在价值取向上偏离宗旨，追逐高利润、高回报的工业行业②。因此，如何在服务“三农”政策目标的基础上实现盈利是村镇银行持续发展必须要解决的问题。

村镇银行的社会认知度有待进一步提高。村镇银行在农村地区是一个新生事物，有些人认为，村镇银行是“私人银行”，不知什么时候就会关门“黄了”，对村镇银行一直持怀疑和观望的态度。另外，村镇银行目前的经营规模偏小，不能满足一些较大项目的融资需求，地方政府对村镇银行的认可度也较低③。

（二）村镇银行不“村镇”，涉农贷款少，资金大量外流，对“三农”的支持力度不够

《意见》规定，农村地区银行业金融机构应制定满足区域内农民、农村经济对金融服务需求的信贷政策，鼓励农村地区其他新设银行业金融机构在兼顾当地普惠性和商业可持续性的前提下，将其在当地吸收的资金尽可能多地用于当地。但是，目前村镇银行的资金外流现象较为严重，即所谓资金的“农转非”。2009 年 2 月末，大足汇丰村镇银行贷款余额 1649 万元，全部为

---

① 郭田勇，解惑村镇银行生存现状，http：//www.fjsen.com，2011 年 5 月 9 日。

② 2010 村镇银行发展调查研究报告，http：//www.doc88.com/p—00372405210.html。

③ 王晓勇，制约我国村镇银行发展的七大因素，http：//www.sina.com.cn，2011 年 2 月 17 日。

公司类抵押贷款，个人贷款和农户贷款金额均为0。开业至今还没有一笔涉农贷款，业务也没有深入到村镇地区，更多是流向县城的其他类型企业。截止到2008年12月2日，仪陇惠民村镇银行贷款余额634笔，金额3719万，但对农户的贷款金额占比却只有40%，农户还没有成为贷款的绝对主体①。

如何确保其“下乡”动力、真正服务于“三农”是个难题。“在县域范围内，肯定是首先抢抓县城的中小企业客户，而不是主动下乡。”一位村镇银行行长认为，无论是吸收存款还是发放贷款，村镇银行在只有一个网点的情况下，扩大服务半径到县城以下的乡镇和农村地区，不仅使得成本高昂，原有的信息对称优势也将消失。从吸收存款来看，村镇银行在乡镇没有网点，在利率大致相当的情况下，农民愿意就近选择存取款更方便的农信社，村镇银行没有优势；从发放贷款来看，下乡营销、做贷前调查、贷后管理的成本高，而农户贷款单笔额度小、风险较高，村镇银行更愿意就近选择信息对称、单笔贷款额度较大、服务成本更低的县域工商户、中小企业②。

（三）村镇银行的税负比信用社重，政府支持力度不够，配套措施尚未到位

尽管同样定位于服务“三农”，但针对村镇银行的所得税和营业税等税负明显重于农村信用社等同类农村银行机构，比照一般商业银行标准执行。东丰诚信村镇银行的营业税为5%，营业税附加为3%，城市建设税为5%，所得税为25%，税收种类较多，税负较重。而当地的农村信用社营业税仅为3.3%，比村镇银行低了1.7%，并且免三年所得税。大足汇丰村镇银行的营业税及附加为5%，而当地农村商业银行为3%。同时，村镇银行没有获得农村信用社已经享受到的支农再贷款、委托贷款、贴息贷款、财政性存款等优惠政策。税务负担及优惠政策的不一致，使村镇银行利润空间受到进一步的挤压，也使其在与农信社的竞争中处于更加劣势的地位③。

---

① 村镇银行：发展困境、原因及对策研究——基于对全国3家村镇银行的调查，http://hongjianlee.blog.sohu.com/129962312.html。

② 我国村镇银行发展现状分析，慧典市场研究报告网，http://www.hdcmr.com，2010年4月12日。

③ 村镇银行：发展困境、原因及对策研究——基于对全国3家村镇银行的调查，http://hongjianlee.blog.sohu.com/129962312.html。

村镇银行经营和发展的一些配套措施尚未到位。由于村镇银行不能加入全国银行间同业拆借市场，再贴现、支农再贷款等货币政策工具也无法使用。大多数村镇银行至今不能获得结算行号，村镇银行还无法以直联方式加入大小额支付系统，无法开立汇票，不能与其他银行实现互联互通，只能进行资金的手工清算，汇划到账速度较慢，而且容易出现差错事故，导致客户无法在银行之间直接划账、全国支票不能结算，企业愿意到村镇银行存款的很少。另外，中国银联的入网费用高达 300 万元，村镇银行往往难以承受，限制了其开发新产品的能力①。

四、村镇银行未来发展方向

（一）正确定位村镇银行，使其能够真正服务“三农”

从《村镇银行管理暂行规定》第一章第二条和第三条规定可以看出，目前村镇银行坚持的是完全商业化的定位，其核心是提高盈利能力，回报股东。然而，村镇银行的商业化模式不能完全解决农民、农业和农村产生的金融需求。如农民和涉农企业，两者的贷款需求和贷款困难完全不同。农业企业需求额度大，有担保和抵押，而农民额度小，无抵押。再如不同地区的农民，东部地区的农户收入较高，需求额度较大，贷款主要用于扩大再生产（如购买农机用具，扩大农业生产规模等）；而西部地区的农户收入较低，需求额度较小，主要是消费类贷款（如购买家用电器、就医、入学等），这两类贷款也不尽相同。但是，只要村镇银行定位于商业银行，在盈利冲动和风险控制的约束下，农业以及贫困地区就不可能真正成为村镇银行关心的对象，资金还是会流到比较发达的地方。因此，在政策设计上，要正确定位村镇银行，对股东入股成立的村镇银行坚持完全商业化，主要满足涉农企业的贷款需求，兼顾农户贷款。同时，成立政策性村镇银行，资本金来源为财政拨款或者政策性银行的低息贷款，主要满足农户的贷款的需求。这两者的区别主要是资本金来源的不同以及是否以盈利最大化为目标，在经营上仍都需坚持市场化运作。只有这样，农村地区的农户，特别是贫困地区的农户的融

① 王晓勇，制约我国村镇银行发展的七大因素，http：//www.sina.com.cn，2011 年 2 月 17 日。

资需求才可能得到满足[①]。

（二）创新信贷抵押模式，真正成为农民自己的银行

村镇银行的建立和发展只有短短四年的时间，农民甚至地方政府对其认可度还不高。要想获得最基层农民的信任，必须不断创新抵押和担保模式。可以从以下几方面来探索：第一，在流程设计上，应简化流程，缩短贷款审批时间；第二，在担保和抵押模式上，可建立农民贷款小组，采用村民互保和村委会担保的方式，让村民之间均能从担保模式中受益。同时，可以建立农民贷款评价量表，确定授信额度。在评价量表中，可设置经济能力指标和人品、诚信等指标，并增加人品、诚信指标的权重；第三，在贷款风险识别中，可建立乡村联络员制度、金融服务站，深入基层识别农户的人品和还款能力，切实有效降低贷款的风险。遏制村镇银行资金外流的最主要途径是使村镇银行扎根于农村，而关键在于村镇银行能从农村地区持续性盈利。而持续性盈利则要寄望于村镇银行自身根据农村金融的特性进行创新[②]。

（三）政府应该在各方面给予村镇银行足够的支持，使其健康有序发展

村镇银行是“草根银行”，其信贷支持的主要对象为农业、农村和农民，理应受到更多的关心和支持。因此，政府应该在各方面给予足够的支持，主要包括以下几个方面：一是人民银行应给予村镇银行一定的支农贷款支持，以扩大村镇银行的资金实力；二是放松利率管制，允许村镇银行根据当地经济发展水平、资金供求状况、债务人可承受能力自主确立贷款利率；三是对初创阶段的村镇银行减免营业税和所得税，支持其发展壮大；四是加快建立农业政策性保险机制，为村镇银行的资金安全提供切实保障；五是建立必要的风险补偿机制，建立村镇银行服务“三农”和支持新农村建设的正向激励机制；六是监管部门应出台政策，支持村镇银行与农村信用社进行适度的有序竞争，增强村镇银行的活力[③]。

---

① 村镇银行：发展困境、原因及对策研究——基于对全国3家村镇银行的调查，http：//hongjianlee. blog. sohu. com/129962312. html。

② 同上。

③ 2010村镇银行发展调查研究报告，http：//www. doc88. com/p－00372405210. html。

第三节　两岸农业金融制度比较

农业是弱势产业，“三农”问题一直是两岸都非常关注的问题。农业金融作为解决“三农”问题的核心，两岸也一直在进行改革和探索，希望可以建立起能够真正服务“三农”的农业金融体制。在对两岸农业金融近期改革、农业金融体系、存在问题及未来发展方向进行分析的基础上，本部分将从几个方面对两岸的农业金融进行比较分析，以期可以互相借鉴，设计出符合农业生产经营特点的金融产品和业务，构建农业金融与农民稳定长久的关系。

一、农业金融的职能定位

从农业金融的职能定位来看，台湾的定位比较清晰，特别是 2003 年 7 月台湾“立法院”通过的“农业金融法”中第一条明确提出制定该法律的目的就是“为健全农业金融机构之经营，保障存款人权益，促进农、渔村经济发展”。同时在该法中还明确规定了农业金融体系内各相关部门的职责、义务，“农业金库”和农渔会信用部业务分工明确，各农业金融机构的主管机关、监理单位和支持补全单位职责清晰。而大陆的农村金融则存在职能定位不清的问题，农村金融体系中的各部分在功能上有模糊和重合的地方，商业性银行和政策性银行功能有交叉，存在错位现象。如目前中国农业银行主要支持农业产业化经营、农村小城镇建设，同时承担农村的信贷扶贫任务，说明农业银行的经营不完全是商业性的，也有政策性的金融服务，这样就与农业发展银行在功能上有交叉；而农村信用社在服务对象与服务种类上与农业银行又有重复的部分①。

二、农业金融体系

从农业金融体系来看，台湾有一个独立于一般金融之外的完整的农业金融体系。体系中的农业金融机构、主管机关、相关监理单位和支持补全单位

① 白钦先等著，各国农业政策性金融体制比较，中国金融出版社，2006 年 9 月，P329～P330。

能够各司其职，全方位地满足台湾农业生产、农村经济和社会建设以及农民生活所需的各项资金。专门负责农业金融制度规划、政策制定以及农业金融机构辅导、监理的“农业委员会农业金融局”、有深厚群众基础的农渔会信用部、协助担保能力不足的农民和农业企业进行担保的农业信用保证基金以及信用部经营不善退场时负责资金缺口赔付的金融重建基金，完善的体系和机制能够保证台湾农业转型升级所需要的资金。相比较而言，大陆的农业金融体系中包括政策性金融机构、商业性金融机构等银行金融机构，农村信用合作社、信托投资公司等非银行金融机构，民间私人借贷组织、农民互助储金会等民间非正式金融组织以及村镇银行、小额贷款公司等新型农村金融机构，呈现出金融供给主体多元化、供给形式多样化的特点，尽管如此，大陆农村金融资源严重不足，农村经济和社会发展得不到足够的金融资源，这在很大程度上制约了农业经济和农村社会的发展。其中农村金融体系不健全是一个重要原因。事实上，金融体系范围广泛，不仅仅限于融资机构，而目前大陆的农村金融体系中主要是融资机构，与农村经济社会发展相匹配的非融资金融机构如保险、担保、保障以及证券机构则相当缺乏。

三、村镇银行与农渔会信用部

村镇银行是大陆近几年来蓬勃发展起来的一种新型农村金融机构，被专家称为“草根金融”，其发展定位与台湾的农渔会信用部都一定的相同之处。但从群众基础这方面比较来看，台湾的农渔会信用部作为农会的一个重要部门，有深厚的群众基础，具有一般金融机构无法比拟的优势；而大陆的村镇银行则是由城市商业银行、农村商业银行、农村信用社、外资银行、股份制商业银行、四大国有商业银行以及国家开发银行等金融机构发起设立，目前的社会认知程度还不高，农民以及地方政府对其还没有足够的信任，在很大程度上也无法与原有的一些商业银行竞争。

从经营管理模式来看，台湾的农渔会信用部与全台“农业金库”的关系比较特殊，这是目前台湾农业金融体制中存在的最大问题。一方面他们都是独立的法人，但农渔会信用部是“农业金库”的股东，“农业金库”要对股东负责，他们之间不是“总行与分行”的关系；另一方面，“农业金库”要承担政策任务，提供优惠的存款利率给农渔会信用部，还要指导、监督农渔会信用部的工作，不能和他们“抢生意”，这样就造成“农业金库”在与一般商业银行的竞争中处于劣势。因此，目前台湾农业金融机构的经营管理模式是一种探索，是否能持续下去还是个未知数。相比较而言，大陆村镇银行是独立的法人，其与发起机构之间的经营管理模式无论是“管理总部制”、“控股公司制”，还是“总分行制”，都是比较成熟的管理模式，只是根据各个村镇银行的不同情况选择合适模式的问题。

从村镇银行和农渔会信用部存在的问题来看，有一些方面是互补的，如以上的分析，村镇银行“不村镇”是个大问题，而贴近农民群众则是农渔会信用部最大的优势。又如，农渔会信用部与“农业金库”之间关系复杂，未来发展前景未知，而村镇银行虽然存在不少问题，但都有很大的调整和改进的空间。因此，村镇银行的发展可以在如何更好地为农民服务方面借鉴农渔会信用部一些成功的做法，大陆的相关部门可以给予村镇银行更多的支持和相关配套政策，大陆的农村金融市场有广阔的发展空间，把村镇银行真正建成农民自己的银行，真正为“三农”服务。而台湾的农渔会信用部的发展存在政治、经济、体制以及道德风险等多方面的问题，是处在被取消的边缘而又被给予了一次机会，“农业金库”也是在这样的情况下成立的，因此其未来的发展涉及的不仅仅是农渔会信用部、“农业金库”是否应该存在、目前的农业金融体制是否应该继续的问题，农渔会信用部作为农会的主要经费来源部门，还牵涉到农会组织再造的问题。

第四节　案例

一、三重市农会信用部①

（一）金融业务项目及营业比重

1. 业务项目

三重市农会信用部的营业项目主要包括收受存款、办理放款、会员（会员同户家属）及赞助会员从事农业产销所需设备的租赁、岛内汇款、代理收

① 三重市农会信用部的相关资料参考自：台北县三重市农会2010年度信用部年报。

付款项、出租保管箱业务、代理服务业务、受托代理乡（镇、市）公库、台湾“农业金库”委托业务、买卖外币现钞、其他经“中央”主管机关核准办理的业务等11项。

2. 营业比重（以2010年为例，见表3—7）

表3—7　2010年度三重市农会各项收入占总营业收入比重

项目	金额（新台币千元）	比重（%）
放款利息收入	157 630	57.22
存储利息收入	81 232	29.49
代办业务收入及手续费收入	20 370	7.39
证券投资收益收入	1103	0.40
租赁收入	11 024	4.00
其他各项收入	4102	1.49
合计	275 461	100

（二）营业目标

1. 配合政令加强办理各种政策性农业专案贷款。

2. 强化专业经营管理，提升整体经营效率。

3. 有效降低成本，减少费用开支。

4. 加强各项代办业务，增加手续费收入。

5. 提供员工专业知识、技能培训及强化道德风险教育。

6. 藉由“农业金库”的业务委托及联贷作业，增加更多的金融商品来服务客户与会员，提升绩效。

（三）发展远景

1. 有利因素

第一，农会在地方经营百余年，草根性强、人脉广，选聘任职员团结合作、用心经营，以服务热忱、亲切受到乡亲们的信赖与信任。

第二，未来将借由台湾“农业金库”的业务委托、联合授信及资讯平台的共用，增加更多的金融商品来服务客户与会员，提升交叉行销绩效。

2. 不利因素

第一，全市有一百多家金融机构，竞争非常激烈，导致利差缩减，不易经营。

第二，基层金融商品项目有限，又受到法令诸多限制，金融竞争力相对薄弱，致使获利来源着重利息收入，手续费收入、代办业务收入及其他收入仍属偏低。

（四）从业员工概况（2009～2010 年，见表 3—8）

表 3—8　2009～2010 年三重市农会从业员工概况

年份		2010 年		2009 年	
从业员工人数（人）		87		87	
平均年龄（岁）		45.87		44.92	
平均服务年限（年）		19.60		18.46	
学历分布	大学	16 人	18.39%	13 人	14.94%
	专科	16 人	18.39%	18 人	20.69%
	高中（职）	49 人	56.32%	50 人	57.47%
	其他	6 人	6.90%	6 人	6.90%

二、四川仪陇惠民村镇银行——大陆首家村镇银行

（一）仪陇惠民村镇银行简介①

四川仪陇惠民村镇银行是经中国银监会批准的中国第一家村镇银行，于 2007 年 3 月 1 日开业。银行注册资本金为 200 万元，南充市商业银行作为发起人，进行控股，出资 100 万元，出资比例为 50%。四川明宇集团、四川海山国际贸易有限公司、西藏珠峰伟业集团、南充康达汽配集团有限公司、南充联银实业有限责任公司等 5 个企业，分别出资 20 万元，出资比例分别为 10%。成立时的经营团队有 10 人，包括行长 1 名，风险主管 1 名，财务 1 名，客户主管 1 名，柜员 6 名，均来自南充市商业银行。

（二）主要业务

根据农村金融的实际特点和情况，仪陇惠民村镇银行制定了“惠民无

① 参考自：cole68，仪陇惠民村镇银行 农村融资问题，http：//bbs.pinggu.org/thread.463500—1—1.html。

忧”“惠民致富”“惠民小康”三个贷款产品。这些产品将真正以“服务三农，惠民共赢”为宗旨，为仪陇县农村地区居民和社区中小企业、个体工商户提供优良的金融服务，促进农村地区的全面发展。

业务范围包括：吸收公众存款；发放短、中、长期贷款；办理国内结算和票据承兑与贴现；从事同业拆借、银行卡业务；代理发行、代理兑付、承销政府债券；代理收付款项及保险业务；经银行业监督管理机构批准的其他业务。

目前惠民村镇银行的贷款业务主要分为小额农户贷款、微小企业贷款、专业农户贷款三类，贷款对象分别为银行业务覆盖范围内的种植养殖业者和个体工商户、乡镇企业及手工业者等。

贷款期限分半年期、一年期和三年期。其中小额农户贷款最高贷款金额不超过 2 万元，贷款手续非常简单方便，只凭信用无需担保即可获得；其余两类贷款最高金额不超过 10 万元，需要信用和担保。此外，贷款利率在国家基准利率的标准上均作适当上浮。具体贷款方式、信贷条件及额度如表 3—9、表 3—10 所示。

表 3—9 惠民村镇银行信贷条件及额度

贷款对象	贷款条件	最高贷款额度（万元）
小额农户	仅需资信等级评定	2
中小企业	有担保	10
	无担保	2
微小企业	无需担保，仅需资信等级评定	5

资料来源：村镇银行信贷模式探索——来自四川仪陇惠民村镇银行的实践，新远见，2009.1，P98。

表 3—10 惠民村镇银行贷款方式（2008 年 6 月）

贷款方式	惠民村镇银行	
	余额（万元）	占比（%）
信用	424	22
担保	663	35
抵押	821	43

资料来源：中国人民银行成都分行课题组，农村金融市场的竞争与信贷资金可得

性：仪陇案例，金融参考，2009.6，P1～P11。转引自：王修华、贺小金、何婧，村镇银行发展的制度约束及优化设计，农业经济问题，2010.8，P60。

（三）经营模式[①]

仪陇惠民村镇银行按照“现代银行加合作金融经营模式”运作。规范现代银行的法人治理结构，建立决策、经营、监督相互制衡的机制；规范机构管理制度，建立健全以风险控制为主要内容、以市场为导向、以责权利为激励约束的运行机制；进行金融创新，开创以合作金融经营模式为手段的营销策略，实施人才专业化战略，开发以微小贷款为主体的产品体系，建立灵活简便的贷款流程，构建“社区金融惠民站”，最终形成以“惠民”品牌为代表形象的村镇银行的核心竞争力。

惠民村镇银行历时三年探索出的“农村金融合作代理组织”制度，具体模式为，由行政村的村支书、村长、会计（或德高望重者、带头致富者）2～3人自愿组成一个农村金融合作代理组织，每人交纳5万元保证金后，成为惠民村镇银行的业务代理人员，利用“人熟、地熟”的优势为惠民村镇银行营销存款，推荐贷款，代管贷款。惠民村镇银行按业绩给予代理人员“劳务费”。

代理人员推荐的贷款客户经惠民村镇银行考察符合贷款条件后，由代理人员提供全额保证担保，并从代理人员的存款账户中扣取贷款额10%的金额进入保证金账户（即担保金放大10倍）。贷款客户按期归还贷款本息后，保证金账户内相应的金额解冻。贷款客户若贷款逾期、欠息，代理人员承担催收责任，若最终无法收回，则由代理人员全额代偿。

惠民村镇银行副行长李川认为，借助这一制度，该行虽然身处县城，但服务半径有效推进到农村腹地。

“谁家卖了猪了，谁家儿子外出打工挣钱了，代理人员都很清楚，可以拉来存款。”尽管农民没有向代理人员提供任何担保物，但代理人员对当地的农民知根知底，了解其真实的贷款用途及风险状况，并可通过自身的威信、血缘、地缘网络保证贷款的安全。

---

① 我国村镇银行发展现状分析，慧典市场研究报告网 http：//www.hdcmr.com，2010年4月12日。

而代理人员的积极性也较高，其在本土本乡内开辟了自己的第二职业，多者一年代理费收入上万元，且帮助当地农民获得贷款，又强化了自己在当地的威信。

业界人士认为，惠民村镇银行的这一模式有效利用了农村特殊的血缘、地缘关系，破解了抵押担保难，使农户的贷款需求转变为银行的有效信贷需求，可以有效降低村镇银行扩大业务半径“下乡”为农民放贷的成本和风险，应该给予鼓励和积极推广。

（四）标志性意义

仪陇惠民村镇银行的成立，是改善中国农村金融服务的积极探索，有利于支持社会主义新农村建设，标志着一个投资多元、种类多样、覆盖全面、治理灵活、服务高效的新型农村银行业金融服务体系正在逐步建立，也标志着农村金融在支持社会主义新农村建设中又迈出了新的步伐。它对解决中国广大农村地区银行业金融机构网点覆盖率低、金融供给不足、竞争不充分等问题，必将具有积极而深远的意义。

第四章　台湾农业经营管理制度对大陆相关农业政策和制度设计的启示

第一节　农业制度和政策的设计真正把农民的利益放在首位

台湾以其农业发展成就而骄傲，从农业技术、农会组织、农产品质量、休闲农业到农业经营管理制度。台湾当局把对“三农问题”的重视体现在每一个细小的环节和政策措施中，从发放老年农民福利津贴、修正“农民健康保险条例”、发放农渔民子女就学奖助学金、补贴农渔业用油、补贴肥料、办理农业天然灾害、受进口损害救助到强化农产品产销预警制度，每一项措施都能落到实处。最重要的是，相关农业制度和政策的制定和设计，他们会真正把农民的利益放在首位。如农业金融局的重要任务之一就是负责农业专案贷款政策的制定，他们会根据实际情况的变化对政策进行增补和修订；在构建农业金融辅导体系方面，他们办理农业金融训练班，积极培育优质农业金融人力资源，2009 年共举办农业金融训练 10 项研习班，合计 45 期，完成培训 2577 人①，大大提升了农业金融相关人员的专业技能。想要真正解决好“三农问题”，把农民的利益放在首位是制定政策的首要原则，这是台湾农业发展经验给我们最大的启示。

① “行政院”农业委员会农业金融局年报（2009 年），P23。

第二节　农民合作组织

一、发展综合性的农民合作组织，尤其要以金融为纽带，大力发展农村金融

林宝安教授（2008）认为，“城市银行、乡村信用组合”应该实行双轨金融体制。李昌平教授（2006）也认为台湾农会成功的最大原因在于它是以金融合作为纽带的综合农协①。目前，大陆的农民合作组织大多是专业合作经济组织，也是当前政府扶持的重点，但是农民专业合作社在不断发展的过程中，除了专业的技术服务、生产、营销等业务外，对金融、财政、技术培训等方面也有强烈的需求，尤其是资金不足的问题是影响农业合作组织发展的最大障碍，因此发展以金融为纽带的综合性的农民合作组织应该是未来大陆农民合作组织发展的方向。

对于综合性农民合作组织，大陆许多地方也进行了一些有益的尝试。其中，成立于2006年3月的瑞安农村合作协会是由政府主导成立的全国首家县市级综合性农村合作组织。瑞安农村合作协会把瑞安农业合作银行、供销合作社和农民专业合作组织等都纳入其中，加强三类合作组织的合作、联合与整合，是致力于为农民提供全方位、多层次综合性服务的农村新型合作组织。通过创新和完善协会的结构体制设计以及严格履行法律程序，瑞安农协在为农民提供全方位服务方面取得了一定的成效，同时也为全国综合性农民合作组织的发展进行了积极的探索，积累了一定的经验。但同时也面临一些问题和挑战，农协的创始人、瑞安农村合作协会会长陈林认为，“农民主体性，仍然是瑞安农协目前的软肋。能否完全落实农民的主体性，还是一个疑问”。未来瑞安农协的一个重大挑战就是如何面对来自专业合作社、供销社、信用社的既得利益抗拒？如何解决或协调各级政府与部门之间的政策与利益？瑞安农协的组织建构，是否提供足够的诱因让条条块块愿意捐弃本位主

---

① 李昌平，看了《农民专业合作经济组织法》想哭！中国改革论坛，2006年11月5日。

义与既得利益？或者是有足够的强制力道，足以化解来自各方的可能掣肘与抗拒①？

如何建立不同于城市金融的真正服务于农民的农村金融体系，如何发展真正属于农民的金融合作组织，是未来农民专业合作组织发展中的两个关键问题。2006 年 12 月 20 日，银监会发布了《关于调整放宽农村地区银行业金融机构准入政策更好支持社会主义新农村建设的若干意见》，在农村开始推动不同于城市的金融改革试验，其中包括农村地区的农民和农村小企业也可按照自愿原则，发起设立为入股社员服务、实行社员民主管理的社区性信用合作组织。这一改革试验成功与否的关键在于它能否真正成为农民自己的金融组织，真正为农民服务。而从目前的情况来看，全国的新型农村金融机构中，大多数是由花旗、渣打等以及国家开发银行、农业银行、建设银行、交通银行、民生银行、浦发银行等股份制商业银行设立的村镇银行，这些银行在运行的过程中，存在容易偏离办行宗旨、资金筹集困难、风险控制难等诸多问题。因此，在不断完善农村金融体系的基础上，建立以金融为纽带的综合性的农民合作组织还需要进行不断探索和创新。

二、强调社员或者是成员的共同利益，使农民真正受益

台湾的农会是一个半官方的非营利组织，其主要任务、成员的构成、组织结构、管理制度和机制等的严格规定和科学设置，决定了它能够有效地运行并达到真正服务农民、使农民受益的目的。大陆的《农民专业合作社法》也规定，“成员以农民为主体；以服务成员为宗旨，谋求全体成员的共同利益。”但是在实际运作过程中，仍然有很多合作社是以龙头企业为主体的，有很多本来就是一个公司，现在听说农民经济组织国家有扶持，把连带的农户，结合在一起，换了名字就是合作社，然后争取国家的扶持，这在公司和农户之间本质上是一种契约关系，而不是合作关系，所以合作和合同是两个不同的概念②。近期，笔者曾到北京平谷区的一家合作社调研，就是这样的

---

① 林宝安，战后台湾农会变迁与政府之关系，两岸乡村治理比较，社会科学文献出版社，2008.11，P293。

② 任大鹏：法理与实践——农民合作经济组织立法思考，中国农民组织建设国际研讨会，2004 年，海南。

情况，以企业为主体，农民以土地或资金入股，每年拿固定的收益，但是对合作社的运作没有任何参与管理的权利。因此，我们建议农民专业合作社在成立注册时，工商行政管理部门应该严格按照《农民专业合作社法》的规定，严禁一些企业打擦边球，真正维护农民的合法权益。

三、多方合力共同推动农民合作组织的发展，关键是政府扮演好自己的角色

目前大陆的农民专业合作组织，有的是随着农业市场化程度的不断提高，许多农民产生了合作的愿望，于是由农民自发组织成立，但是也有很大一部分是在政府的主导下成立发展起来的。那么，农民合作组织的产生和发展到底应该是顺应市场的发展，根据农民的需求来进行，还是应该由政府推动？我们认为，应该是发挥政府、市场、农民以及社会力量几方面的合力来共同推动。不可否认，农民合作组织的发展与地区经济发展水平有较高的关系，目前发展的比较好的农民专业合作社基本上都是能够体现当地具有比较优势的农业产业，但是东亚小农社会条件下的综合农协，经验证明不可能是纯粹的民间组织，而是半官方组织（陈林，2006）。因此，市场化程度的高低不是唯一的条件，国际机构的介入，政府推进都有可能推动其发展，关键在于政府或者介入的社会力量是否能够正确地扮演好自己的角色，真正以“服务农民、保障农民权益、提高农民生活水平”为宗旨，真正成为“民办、民管、民受益”的组织。

台湾的农会属于半官方的组织，在其所在的地区（乡镇）享有区域内的独占地位，并不存在其他农业团体组织。这就使得农会独占、集中了区域内所有农业、农村与农民的资源，对于战后台湾农会在乡镇地方积累政治、经济与社会影响力关系重大①。而大陆的农民合作组织发展相对自由，甚至在一些地方，合作社是由于想要政府财政支持才成立的，短期行为严重甚至是“假合作社”。还有些地方则成为体现政府新农村建设政绩的表现形式。以四川省为例，税费改革以后，县、乡政府面临的基本困境是财政窘迫，运行困

① 林宝安，战后台湾农会变迁与政府之关系，两岸乡村治理比较，社会科学文献出版社，2008.11，P292。

难，导致政府管理能力削弱，对农民行政管理出现真空化的状态，所以在农民组织的发展过程中，建立农民合作组织一方面是弥补当前出现的一种行政真空的非常有效的手段，另一个方面则成为体现地方政府政绩的非常好的表现形式①。

四、提高合作组织的稳定性和有效性，增强农民参与合作组织的积极性

农民合作组织要体现农民的主体性，因此如何增强农民参与合作组织的积极性就成为一个核心问题。台湾的农会组织之所以能够成功运转和健康发展，很重要的一点就是它有规范化的组织管理，能够始终维护其成员的合法权益。目前，大陆的农民合作组织不少是政府主导型的，农民参与的积极性不高，最重要的原因在于组织运作效率不高，农民不能够真正体会到“民有、民管、民受益”。因此，想要增强农民参与合作组织的积极性，就要让农民体会到参加合作组织的好处，是农民自己的组织，是真正维护农民权益的，这就要求组织运作的稳定性和有效性，而组织的效率来自于科学的结构设计、合理分工和民主的管理制度。

第三节　农业金融

农业的特殊性决定了农业金融不同于一般金融。农村金融风险高、收益低，农民贷款的小额、分散，还款能力弱。尤其在大陆，农民缺乏有效的担保和抵押物品。农民目前所拥有的住房和土地因为法律等制度原因，都不能作为抵押物品。因此，尽管台湾的农业金融体制本身还面临一些考验，但一些做法还是值得大陆借鉴。主要有以下几个方面：

一、用法律作为农业金融制度有效运转的保障

台湾的“农业金融法”是其农业金融有效运转的重要保障。而目前，大

① 郭晓鸣，农民合作组织的发展及地方政府的角色，中国农民组织建设国际研讨会，2004 年，海南。

陆的金融法中，除了《中国人民银行法》、《商业银行法》、《保险法》、《证券法》之外，几乎没有其他金融方面的法律，尤其是在政策性金融领域，立法更是一片空白。农业发展银行业务日益萎缩、职能定位尚未明确、社会对这一特殊金融形式还缺乏正确的认识，以及农业发展银行自身经营中存在的一系列问题和困难都与法律不健全有重要的关系①。因此，为确保农业金融的相对独立性，应加紧制订农业金融法，构建农村金融制度，在规范农业金融机构经营的同时，对农业发展的金融支持以法律形式加以落实。

二、建立独立于一般金融之外的农业金融体系，确保农业发展所需资金

台湾的一元化的农业金融体系，确保了农业发展所需资金。而目前，大陆的农村金融市场金融尽管有政策性金融、商业性金融、合作性金融、民间金融以及草根性质的新型金融机构的供给，但政策性金融机构定位不清、分工不明确，商业金融又不可能真正为高度分散的小农提供服务。因此，大陆也需要以法律的形式明确界定农业政策性银行金融机构、商业性银行金融机构、政策性非银行金融机构、商业性非银行金融机构、合作性金融机构以及草根性金融机构之间的合理分工，并不断完善农业金融体系，包括保险、担保等机构的同步发展，建立起相对独立于一般金融的农业金融体系，使其能够真正为“三农”服务，促进农村经济社会发展。

三、基层农业金融机构角色定位：真正解决农户问题而非仅扮演金融中介角色

从台湾农渔会信用部的发展我们可以看到，如何能够贴近农民的生产和生活实际，他们做了很多细致的工作，其中一个重要的经验是：基层农业金融机构的角色定位绝不仅仅是扮演金融中介，而是要真正解决农户的问题。

---

① 白钦先等著，各国农业政策性金融体制比较，中国金融出版社，2006年9月，P336。

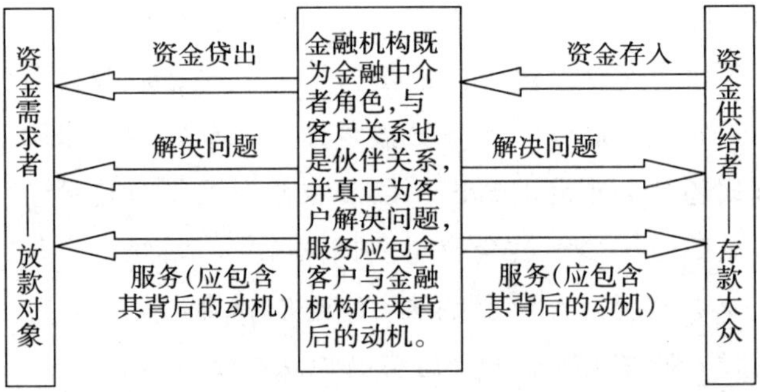

图 4—1　金融机构角色功能的新定位

资料来源：黄泉兴，地方农会服务功能运作之模式分析，淡江大学管理科学研究所博士班博士论文，2008.1，P29。

从图 4—1 可以看出，农业金融机构的新定位是指，相关金融机构除了中介角色之外，应该利用金融机构庞大的资源和有利条件，真正扮演客户问题解决者的角色，也就是说，金融机构的服务范围应包含客户存放款背后的动机。这是比纯金融中介更深层次的角色，其重要性往往先于金融中介角色的扮演。事实上，如果能通过解决客户问题，强化客户的依赖，金融机构在扮演长期的中介角色外，也能建构与农户稳定的关系，最终有助于农业金融机构长期稳定的业务推展与利润获得。

农业是弱势产业，"三农"问题一直是政府非常关注的问题。农业金融如何与一般金融区别开来，真正深入农业、农村、农民，切实解决"三农"发展中资金不足的问题？很重要的一点就是要深入农民生产经营过程中所面临的实际问题，提出相应的思考和应对措施，设计出符合农业生产经营特点的金融产品和业务，构建与农民稳定长久的关系。要实现这样的目标，农业金融机构需要了解农业的生产经营流程以及这一过程中资金的需求和运转情况，并真正参与到各个环节中去。

农业金融不仅要充当中介的角色，而更应该发挥农业金融机构的优势，提供不同于一般金融机构的差异化产品和服务。如引进"会员金融"概念，建立专门的客户系统，并录入详细的资料，并对这些资料进行分析，构建农作物类别、区域类别等服务体系。这种差异化的服务，一方面能够不断稳固农民与农业金融机构往来的意愿，增强农民的忠诚度和向心力，同时也能改善农业金融机构的获利能力和经营效率，真正实现服务"三农"的社会责任。

对于政府来说，如果真正想让农业金融机构有这样的动机和动力，则可以把“真正帮助农民解决生产经营问题”作为金融机构申请新业务、开设新分行等的考核指标，促进农业金融机构积极承担社会责任①。

四、建立农业信用保证基金是解决农民缺乏有效的担保和抵押物品问题的有效途径

台湾的农业信用保证基金从 1983 年 9 月成立至今已经近 28 年，其成立主要为担保能力不足的农渔民及农渔业者提供信用保证，协助其顺利从金融机构贷得所需资金，改善了农渔业经营，提高了农渔民及农渔业者的收益，同时还促进了农业金融机构开展农业贷款业务，另外还协助政府推行相关农业发展计划，提高了政府农业政策推行绩效，真可谓“一举三得”。目前，缺乏有效的担保和抵押物品是大陆农村金融发展和改革中面临的一个大问题，在这种情况下，如能成立农业信用保证基金将在很大程度上解决这一难题。当然，大陆目前农村的信用水平还比较低，但可以在经济比较发达的地区先进行试点，探索适合大陆实际情况的模式，促进农村金融制度的进一步完善和发展。

① 黄泉兴，地方农会服务功能运作之模式分析，淡江大学管理科学研究所博士班博士论文，2008.1，P27～P37。

第五章　两岸农业合作模式创新

第一节　合作前景

随着两岸经贸关系的不断改善，农业合作前景日渐广阔。主要表现在以下几个方面：

一、客观基础

大陆在台湾农产品对外贸易中扮演越来越重要的角色。1999 年，大陆首次进入台湾农产品的前十大出口市场（位居第十名），且其名次呈逐年上升的趋势。2004 年，大陆已晋升为台湾农产品十大出口市场的第四名，仅次于台湾农产品传统的三大出口市场：日本、香港与美国①。而 2006～2010 年，中国大陆已稳居台湾农产品出口市场的前五强（如表 1－5 所示）。农产品贸易量的增加为两岸加强农业其他领域的合作创造了坚实的客观基础。

二、主观条件

两岸农业双向交流逐步增多，为扩展两岸交流的空间创造了良好的主观条件。从 2009 年 11 月江苏省委书记梁保华开始，大陆多个省（市）一把手陆续率团访台，农业的交流与合作是其中重要的组成部分。湖北省委书记罗清泉亲自走访当地农户，山东将加大对台湾工农产品采购力度，浙江省省长吕祖善访台期间，浙台农业合作达成多项成果，浙江省新农村建设促进会与台湾海峡两岸农业协会签订了《高级农民培训合作意向书》，义乌国际森林产品博览会组委会与南投县农会签订了《南投县森林产品赴义乌森博会展示展销合作协议》，浙江省茶叶公司与南投县农会签订了《茶叶产销合作协

① 该数据资料来源于台湾“行政院”农业委员会台湾农产品外销网。

议》①。民进党籍台南县长苏焕智于 2010 年 6 月 15 日至 23 日率团到北京、上海等地推销台南芒果，举办推广活动。

三、实践经验

两岸农业基层组织间合作的实践将对深化和创新两岸农业合作奠定更加深厚的民意基础和积累操作性强的实际经验。

2009 年 7 月，在上海举办的首届“两岸乡村座谈——大交流背景下两岸基层农业交流与合作”活动中，两岸 60 个乡村结成 30 个帮扶合作对子。结成帮扶合作对子的乡村将依据各自特点，开展更有针对性、更深入的交流与合作。台湾省农会总干事张永成宣读了五点共同建议：构筑两岸基层乡村定期对话交流平台；建立日常协调沟通工作机构；切实维护和发展两岸农民利益；加强两岸农业传统文化交流；促进两岸乡村“结对子”。会议还把两岸丰富多彩的民俗、艺术、文体等乡土文化列入了农业交流的内容②。

2010 年 6 月，浙江省省长吕祖善访台期间，来自浙江五个村长与高雄县燕巢、大树、六龟乡五个村长，讨论两岸农业产销现况；吕祖善省长表示，这是交流第一步，将来要建立长期合作机制，从五个村长增加到五十个、五百个，让两岸农业合作更牢固③。

以“两岸乡镇携手掘金”为主题的两岸乡镇市区长百人活动于 5 月 14 日至 15 日在江苏省江阴市举行，此次活动有来自海峡两岸的乡镇市区长及基层干部 200 余人参加。活动期间，两岸乡镇市区长及基层干部参访了徐霞客镇、青阳镇和华西村，围绕乡镇社区管理、农业开发推广以及农业组织的经营管理模式等进行广泛交流，并就未来两岸乡镇社区合作、共同发展进行了座谈研讨，不仅增进了相互间的了解和情谊，而且取得了实质性的初步成果。来自两岸的 10 名乡镇市区长先后在会上发言，交流心得。他们认为，两岸乡镇交流是两岸基层间的交流，来得深入、来得扎实，构想非常好。两

① 浙台农业合作达成多项成果，http://news.xinhuanet.com/tw/2010－06/12/c./2216327.htm.

② 葛风章、金雷，“大三通”背景下两岸基层农业交流与合作——两岸乡村座谈会侧记，两岸关系，2009.8，P46。

③ 浙江省长访燕巢 采购 1.3 亿元水果，中国时报，2010 年 6 月 14 日。

岸基层在发展经济、建设家园的过程中，积累了许多好经验。这些经验是两岸同胞共同的财富，值得很好地总结、分享。同时，在新的形势下，两岸同胞也面临着如何抓住机遇、加快发展的问题。两岸县市乡镇在经济发展、市政建设方面，遇到许多相同或类似的问题，这就需要分享经验，交流观念，探讨规律，相互借鉴，找寻合作发展的途径。两岸乡镇完全可以携手合作，共同抓住机遇、迎接挑战，共创两岸未来更加美好的生活①。

我们相信，通过两岸农业基层组织之间的合作，将进一步深化两岸农业合作，共同提升两岸农业的竞争力，提高农民的福祉。

第二节　合作的宗旨和原则

两岸农业虽然处于农业发展的不同阶段，但都是小农经济。因此，无论是马英九上台后积极倡导的“小地主大佃农”② 的政策，还是大陆各级政府为解决的“三农问题”而采取的各种措施，如实施土地流转、颁布《农民专业合作社法》等，最终的目的都是相同的，那就是提高农业生产力，维护农民的利益，提高农民的生活水平。因此，两岸农民有共同的处境、共同的需求，同时也面临共同的挑战，这也使得两岸农业合作具备了最基本的前提。在此基础上，双方如果能遵循“技术互惠、产业互利、贸易互补，避免恶性竞争”的原则，通过对两岸农业进行合理的分工，优势互补，共同开拓国内和国际市场，使两岸的农业有更好的发展前景，两岸的农民过上更幸福的生活。如何改进、提高两岸农业合作的水平，我们认为应该做好以下几方面的工作：

一、合作主体回归到两岸农民，避免被商人操作

目前两岸农业合作，应该说有了一定的基础，但合作的主体双方都不是

① “两岸乡镇市区长百人会”在江苏省江阴市举办，新华网，2011 年 5 月 15 日。

② “小地主大佃农”政策，即将农民所有的土地转让给经营者承包，双方签订合约，规定经营者需每年向农民缴纳相当的转让租金，农民是土地的主人，简称“地主”，由于每户所拥有的土地不多，故称“小地主”；而经营者承租农田成了“佃农”，一般一个经营者可承租多户农田，故称为“大佃农”。

农民，只有真正让农民到位才可能使两岸农业合作有序、可持续地得到发展。所谓让农民到位并非指一切都由两岸农民去操作，否定政府和相关农业组织在技术、通路、管理等各个环节的作用，而是指要让两岸农民直接参与交流合作，并成为利益的主要受益者。这应该成为两岸农业合作的主要目标和当前要共同努力解决的根本问题。农业是农民赖以生存的产业，提高和改善农民生活是两岸共同的愿望，从这个意义上说，两岸农业合作不能只有商人获大利，而农民只是个生产者，仅靠他们力所能及地提供初级产品获小利或微利，要改变这种状况，可以考虑让台湾农民把所掌握的技术通过正常渠道直接转让给大陆农民并获得相应的“权利金”，而大陆农民可以通过转让得到的技术增加利益（这种技术有多大价值大陆农民可以自行判断）。两岸农业合作试验区可以扮演试验和辐射的功能，使促进大陆农业发展和提高农民收入成为试验区一个必尽的职责，这种机制应该尽快形成。目前，对台湾农民创业园建设目标已经有了一个全新定位：台湾农民创业园的发展和规划应该与大陆的新农村建设结合起来，最终把农民创业园建设成为“两岸现代农业示范区、新农村建设先行区、农业新品种新技术试验区、新型专业农民培育区”，这就是一个很好的开始。有了正确的指导方向，相关地方各级政府应该采取更加务实的措施，多替有意前往大陆投资的台商、台农着想，排除各种投资障碍，降低其农业项目投资风险，如推行农业保险制度、建立农村信息服务体系、协助台湾农产品进入大陆市场等；同时逐步形成技术推广服务体系，帮助周边农民掌握新技术，指导建立新的农业经营模式，树立市场观念，尊重知识产权；另外，从台湾进入大陆的农产品应该尽量减少中间环节，降低销售成本，由农民获得更多的实际利益。通过这些方面的努力，为促成两岸农业合作创造良好的环境。目前，有些地区已经采取了一些相关的政策措施为台商、台农服务。如 2009 年 5 月，福建省通过大陆首个对台农业合作地方性法规，明确赋予台湾同胞同等待遇，并对台胞融资、用地等问题做出规定①。

① 张意轩、李屹，两岸农业合作迈向“深耕”，人民日报海外版，2009 年 7 月 21 日第 3 版。

二、建立以市场为导向的产业合作模式

台湾在一些农产品（如花卉、水果等）技术的研发与传播、农业金融制度、农业推广体系、土地经营方式、农产运销制度、农业社会化服务等方面有一定的优势，但是台湾农业发展以内销为主，对岛外市场重视不够、开发不足。虽然近年来台湾所产优质农产品海外促销已略有绩效，但也凸显台湾农产品海外营销面临的诸多问题，如欠缺对大陆水果市场及销售通路的了解，更缺乏以外销为导向的稳定供货结构等。因此，两岸应该建立以市场为导向的产业合作模式，以市场潜力大、消费水平不断提高的大陆市场为依托，充分发挥各自的比较优势，尽量避免两岸农业因生产结构相同、贸易结构相似、国外市场相近所导致的恶性竞争，共同拓展世界农产品市场①。

三、进一步拓展两岸农业合作的空间

两岸农业技术交流在范围、规模上都取得了非常大的进展，包括种植业产品、养殖业产品、畜产品、水产品等农业技术本身，还包括一些设施建设等等。但是合作的深度还不够，尤其是在一些关键的技术和品种的引进上，还没有建立一个正常的制度化渠道。未来两岸农业技术的交流除了在已有的基础上继续深化之外，还应该包含农业管理、农田管理②。

台湾的农民本身不掌握资金、技术、市场，主要依靠农会形式的群众组织帮助农民进行农业活动，台湾的农会制度运作已经非常成熟，农业生产指导、农业技术推广、农业生产资料的供应、农产品供销渠道以及所需资金的运作，全部由农会来组织和执行。在这方面也应该加大和大陆开展合作的力度。

因此，推动两岸农业基层合作组织之间的交流与合作也是未来两岸农业合作的重要方向之一。两岸农业的交流与合作已经开始进入了一个新的阶段。

---

① 于永维先生对记者讲的一段话。张意轩，两岸农业合作，空间太大了，人民日报海外版 2009年4月16日第3版。

② 台湾台中县议员冉龄轩答记者问。程杰，海峡两岸共谋农业合作新发展——访台湾台中县议员冉龄轩，华夏星火，2009.1，P33～P34。

四、充分利用台湾的农业技术，但要保护台湾的知识产权

近半世纪来，台湾在农业科技的发展上已创造了许多世界典范的例子，诸如高接梨、冬季葡萄及莲雾、香蕉与蝴蝶兰组织培养、热带水果产期调节的应用、白毛鸭、三品种杂交猪的培育、鱼虾类人工繁殖、近海箱网养殖技术等，特别是生物科技的演进，对农业发展产生了深远的影响。主要成果包括品种改良、动植物病虫害防治、生产及管理技术的改进、农业生物技术研究的开发与应用等方面。因此，大陆应该通过两岸农业合作，充分利用台湾先进的农业技术，加强与台湾农业科技发展中重点领域、优势农业科技、作物种源及微生物资源以及农产品质量安全技术等方面的合作①。

在引进台湾先进农业技术的同时，最关键的一个问题就是要切实保护好台湾方面在相关技术上的知识产权。由于台湾当局一直坚持不开放农业向大陆投资的政策，迫使台湾一部分有意愿到大陆投资农业的企业和个人将投资活动转入“地下”。据了解，有的夹带种子到大陆播种，有的将果树苗、枝“偷运”到大陆，有的还将在大陆生产的茶叶等农产品通过“特殊”管道返销到台湾，并以台湾高山茶、洞顶乌龙的品牌出售。这些行为严重侵害了台湾农民的利益，挫伤了台湾研究人员的积极性，大陆政府已经注意到这种情况并在加强这方面的工作，2006 年，国家工商行政管理总局颁布的工商公字[2006] 第 172 号《关于制止和查处假冒台湾水果行为的通知》和工商标字[2006] 第 202 号《关于加大台湾农产品商标权保护力度促进两岸农业合作的实施意见》两个相关文件的颁布就是一个明证。2010 年 6 月 29 日第五次“陈江会”《两岸知识产权保护合作协议》的签订也进一步完善了两岸农业技术交流的法律环境。未来，大陆应该在实际工作中继续加大执法力度，完善相关法律，特别是尽快完成两岸农业智慧财产权的谈判。

五、改变“单打独斗”的局面，整合资源，共同研究合作发展的愿景

目前，两岸的农业合作还基本处于台商、台农“单打独斗”的局面，一

① 曾玉荣、姜梅林、郑百龙、周琼、翁伯琦，台湾农业发展成效与闽台农业合作再思考，台湾农业探索，2008.4，P10～P12。

方面，台湾在大陆的农业投资大多是独资的法人形态；另一方面，由于两岸农产品品种相同、贸易结构相似而在农产品市场上竞争激烈，甚至相互杀价。面对这一问题，两岸应该坐下来理性地交流，实现两岸农业交流和合作正常化，在此基础上逐步整合资源，共同研究合作发展的愿景，将大陆的农业资源、劳动力、科研成果、广阔的市场与台湾的资金、技术、管理、农产品运销经验等优势有机结合起来，携手走向国际市场，体现真正的合作，并最终实现双方共同利益。

两岸农业合作涉及两岸农民的切身利益，特别在台湾，由于岛内特殊政治环境的影响，两岸农业合作的宗旨和原则已经被扭曲。因此，原本属于经济问题的农业反倒成了最为敏感的政治议题。虽然两岸深入、全面的农业合作不是短时间内可以实现的，但随着两岸经济关系的逐步正常化，如ECFA的签订，两岸经济合作委员会的成立都标志着两岸特色经济合作机制正在逐步形成，两岸农业合作的进一步发展迎来了新的契机。

第三节　合作模式创新

一、制度创新

如何不断深化两岸的农业交流与合作，提高合作的水平？首先是要在现有一系列制度创新的基础上，经过两岸相互协商不断实现和完善制度创新。包括：(1) 政策制度的创新，坚持互利开放的原则，保护知识产权和投资者利益，放宽限制，建立两岸农业交流的正常秩序，为双向农业投资创造良好的环境，充分发挥“试验区”、“创业园”等现有平台的作用，分清不同功能，完善相关制度，并使其产生保障、鼓励、支持的积极作用；(2) 组织机制的创新。建立两岸农业不同部门之间的合作渠道，形成不同区域性的专业化合作生产，有产、学、研共同开发，集产品展示、技术推广的农业合作基地，同时，建立两岸推进农业合作协调委员会，共同谋划合作大计；(3) 运作机制的创新，建立两岸农产品标准和检疫制度、农产品贸易市场准入制度与两岸农产品市场调节机制，实现两岸农产品贸易的正常化①；（4）经营模式的创新。共同建立物流体系，开拓多种形式的经营模式，如大卖场、超市、便利店等。同时适应两岸观光旅游市场的需要，互相建立具有地方特色的农产品及产品加工的展销店。

二、新模式

要不断探索合作新模式。“新”要体现在使两岸农业真正“合”在一起，表现为在农业种养生产及相应的服务体系中，研发、加工、销售、教育培训、金融保险以及相关的观光旅游、休闲养生等农业产业链各个环节的合作。大陆可以利用台湾农业在农产品加工、通路、经营模式、技术、教育培训等环节的优势，采用以下的合作模式：（1）订单农业（台湾农产品加工企业＋大陆农民）；（2）通路农业（台湾掌握通路的经营者＋大陆农民）；（3）大规模农场式经济（由台湾农民经营某品种农产品，如花卉、茶叶、甜柿等，自营自销，大陆农民提供土地、劳动力等资源）；（4）农产品合作社农业（类似于台湾的“青果运销合作社”、“鸡蛋运销合作社”，任用具有在台湾农会工作经验的人进行指导）；（5）农业推广委员会（由台湾具有专业技能和经验的人员组成，对大陆县、乡的农业技术合作研发、农业技术培训和推广等工作进行指导）（6）“异地农业”的模式（台湾接单＋大陆生产）。另外，在农村金融和农业保险的运作制度，大陆也可以借鉴台湾的经验，保障农民的利益，促进农业的发展。如果台湾开放大陆投资台湾农业，则双方合作的渠道、内容肯定会更加丰富。可以设想，两岸在现有的基础上加强分工合作，台湾以技术研发和完善的服务体系优势成为两岸共同的“试验农业”，而大陆成为两岸共同化市场，并在共同规划的基础上打造成一个具有国际竞争力的农业经济区。

三、案例

大陆农民专业合作社的发展如何借鉴台湾农会等组织发展的成功经验，以什么样的模式促进和加强两岸农民合作组织之间的合作，是目前两岸农业

① 李立，两岸农业交流与合作大有可为，台声，2007.10，P35。

合作中的重要课题，在大陆一些地区已经有具体的实践。

（一）重庆模式——农业推广委员会

2009年底在重庆成立的农业推广委员会，由台湾部分有农会工作经验的农业专家和有兴趣投资农业的台商组成，隶属于重庆市台商协会，他们试图把台湾农会的一些运作的经验和模式引入重庆，这种模式在两岸农业合作中属首次尝试，我们称其为“重庆模式”。其主要任务是衔接有意到大陆投资农业的台湾农民、投资者与大陆政府；有固定的办公机构和场所。目前所做的主要工作是：（1）根据中央和重庆市的政策，到各区县收集资料、了解需求，与台湾各机构（农会、研究机构）对接；（2）了解各区县农业发展规划，发现其中的空白。重庆40个区县，目前调研了30%，主要调研三个方面：一是政府的特色、思维；二是政府服务的硬体、软体建设；三是当地的产业特色；（3）从全国其他地区成功的台湾农业投资者那里取经，借鉴他们的成功经验并引进，如台商在昆明的鲜花种植经营就比较成功，目前占了昆明鲜花市场的43%。

农业推广委员会的组织者认为两岸农业合作的模式应该是“与当地政府、农民合作，通过政府与农民合作”。通过这种模式的运作，可以做到：第一，提高农产品的技术含量；第二，他们负责研发并做推广，并全程培训、辅导农民，但要通过政府面对农民；第三，台商负责产品的销售，农民不用担心市场。

（二）长泰实验——福建省长泰县锦信青果专业合作社①

福建省长泰县锦信青果专业合作社是借鉴台湾农业产销班运作模式的一个成功案例，被称为“长泰实验”。该实验的发起人是台湾高雄县大树乡玉荷苞荔枝产销班班长许新宗和长泰县的流通大户唐锦江，2001年5月，许新宗和唐锦江等23个产销大户组建了“长泰县青果产销班”，借鉴台湾的“产销班”运作模式，即入班农户使用同一品牌、同一生产技术、同一销售体系等，发动周边农户一起种芭乐，很快便发展壮大起来，但由于缺乏约束监督，尚处于成长期的“产销班”经历了解体的挫折，班里的成员体会了没有

① 方文荣，台湾农业模式的长泰实验——福建省长泰县锦信青果专业合作社发展纪实，农业知识，2009.2，P27～P29。

组织的风险。2002 年 5 月，“产销班”重新成立，并在组织、管理机制上不断完善，更加严谨、细致，2004 年 4 月，申请注册为“长泰县锦信青果产销合作社”。由于组织运作有序、高效，合作社先后被农业部列为“全国百家农民专业合作经济组织试点单位”，被评为“全国 50 家农民专业合作组织先进单位”。2008 年 6 月，合作社依照《农民专业合作社法》，把原来合伙企业变更为农民专业合作社，更名为“长泰县锦信青果专业合作社”。

无论是“重庆模式”的初步尝试还是“长泰实验”的成功，都表明台湾农民合作组织的运作模式、管理经验、人才都可以成为大陆农民合作组织发展的有益借鉴，两岸农业合作有很大的发展空间。

第六章　对两岸农业合作的深层思考

2010年12月到2011年1月，作者赴台湾进行了为期一个月的调研，期间有机会拜访了台湾农业金融相关机构以及农业界的一些专家、学者，也接触到了基层农会、产销班的农民朋友，对台湾农业发展现状、农业金融的发展历程、农会、产销班的运作等情况进行了实地调研和了解。在与各位专家、学者以及农民朋友进行沟通和交流的过程中，尽管“两岸农业合作”是个比较敏感的话题，他们还是谈了各自的一些真实想法。本章将对这些访谈的内容进行整理和总结，就两岸农业合作提出一些深层次的思考。

第一节　目前的两岸农业合作为什么只是一厢情愿

2008年马英九上台之后，六次“陈江会”的举行，ECFA的签订以及两岸经济合作委员会的成立，取得了一系列的实质性成果，两岸经济往来不断正常化、制度化，但是农业议题却一直是“禁区”，目前看来两岸农业合作似乎只是大陆的一厢情愿。在台湾学者看来，主要有四方面的原因：

第一，政治考量。众所周知，台湾当局害怕大陆有“统战”的目的。事实上，台湾农业产值只占GDP的1.55%（2009年），对台湾经济发展的影响并不大，而台湾农民占台湾总人口的12.9%（2009年），农业发展和稳定农民民心的政治意义远大于经济意义，尤其是在两岸关系上。有学者就直言不讳地讲到关于农产品（农业）的三重意义，他认为农产品首先是政治商品，其次是粮食商品，要保证粮食自给率，第三才是市场商品，要提高其竞争力。目前，台湾的粮食自给率只有30%多，其中稻米的储备可以供应台湾全体民众3个月，并在这3个月中生产出稻米，但玉米作为最重要的饲料作物，却完全做不到，他们认为过低的粮食自给率有潜在的风险。因此，对于台湾来说，首先要保证其作为政治商品和粮食商品的功能，最后才会考虑其市场商品的功能。也有学者认为，大陆愿意与台湾谈农业合作，提出一些诸如“台湾的技术、管理、通路、组织＋大陆的土地、劳动力”的合作模式，其实完全是出于政治的考虑，因为台湾农业的成功经验并不是唯一的，韩国、日本也很成功，大陆同样可以向他们学习，与他们合作。为什么单挑台湾呢？因此，从政治上考虑，台湾当局目前与大陆进行农业合作的意愿不强。

第二，农民问题。对于台湾当局来说，能够维护农民的利益是进行两岸农业合作的一个重要前提。尽管台湾农业面临老农、休耕、农业竞争力降低等一系列的问题，但农民的收入足以维持他们的生活，并且有较完善的社会保障。65 岁以上的老人每月有 6000 台币的老年津贴，还有休耕补贴①，加上农民健康保险②，使得台湾农民的生活基本没有后顾之忧。日常的农业生产、农产品销售、农业技术、农业贷款等问题都有农会帮他们解决。也就是说目前政府能够比较好地解决近 300 万农民的问题，维护他们的各种权益。因此，农民赴大陆投资的意愿不高。

对于两岸农业合作，不少学者提到一个最重要的问题是大陆农产品对台湾市场造成了不小的冲击，损害了台湾农民的利益。台湾的农业属于小农经营，水果、花卉、茶叶等是中南部农民农业收入的重要来源，但同时台湾的农产品生产大多是小规模的，生产成本高，没有价格竞争力，只能以质取胜。尽管目前台湾并没有向大陆扩大开放农产品市场，但台湾的很多农产品种植技术和新品种被商人偷偷带到大陆，一开始生产出的产品可能不如台湾，但经过不断摸索、改良，品质越来越好，使得台湾农产品渐渐地在品质上也失去了竞争力，大陆抢占了台湾农产品的不少国际市场份额。据估计，台湾水果目前在中国大陆市场有竞争力的，已从十年前的七八种，剩下现在的两三种。事实上部分大陆水果（如荔枝）已开始在海外市场取代台湾水果（陆云，2010）。同时海南、广东、福建等地生产的台湾水果、花卉、茶叶等

① 休耕补贴，是以收入支付的形式对农民支持和保护的一项政策，是指对按政府要求，停止继续耕作的面积提供补贴，以减轻农民损失，同时规避农民因减少耕作而收入下降。

② 农民健康保险：台湾《农民健康保险条例》规定：农民健康保险之保险事故，分为生育、伤害、疾病、残废及死亡五种；并分别给予生育给付、医疗给付、残废给付及丧葬津贴。保障范围为农会会员及年满 15 岁以上从事农业工作的农民。

通过第三地（如印度、菲律宾、越南等）回销到台湾，对岛内相关农产品市场也造成了一定的冲击。因此，从维护当前农民利益考虑，台湾当局不考虑扩大开放大陆农产品进口，以此来遏制这种冲击的势头。

第三，经济考量。撇开政治不谈，两岸农业合作对台湾有什么好处呢？二十多年来，两岸农业合作的形式主要是农产品贸易和台湾对大陆农业投资，在农产品不对大陆扩大开放的条件下，农产品贸易一直是巨额逆差，如果扩大开放，后果可想而知。农业投资则表现出单向性、自发性等特点，台湾的很多种植技术和品种被商人偷偷带到大陆，智慧财产权没有得到任何保护。因此专家、学者对两岸农业合作成果的评价是："好像没得到什么，倒是失去了很多。"对于台湾农民、农业组织到大陆投资农业的问题，有学者谈到，虽然台湾当局不愿意谈农业的议题，但是并没有不同意基层农业组织（如农会）到大陆进行农业投资或者与大陆进行农业合作，只要走正常的程序，都没有问题，只是农会没有太大的意愿，因为他们不敢保证与大陆进行农业合作、到大陆投资可以获益。对于农民个人到大陆投资创业，通过对一些专家、学者的访谈以及与农民的沟通，在他们的印象中，单打独斗到大陆投资创业的台湾农民大部分都是失败而归。因此，想要短时间内消除他们心中对大陆负面的阴影，似乎并不是一件容易的事。

第四，心理因素。两岸农业虽然都属于小农经营，但处于不同的发展阶段，大陆农业的整体发展水平要落后于台湾。因此，正像台湾人不喜欢或者不同意大陆的"让利说"，他们认为自己发展的比大陆好，很多方面都超过大陆，大陆是弱势的一方，以前都是他们在帮助大陆，现在情况变了，心理上好像有点不能接受。农业的合作也是这样。成立于 1995 年的财团法人农村发展基金会是一个公益性质的团体，基金会以台湾农业发展经验，积极促进国际农业交流并协助岛内外地区推动农村及农业发展。他们曾经帮助过不少大陆贫困、落后地区的农民进行农业技术改良，取得了不错的效果，如福建永春的柑橘种植。近几年，类似的项目和计划少很多，一方面由于受到两岸情势变化的影响，另一方面他们认为这些年大陆经济发展很快，农民收入水平也有很大的提高，好像不需要他们帮忙了。他们认为，台湾方面可以通过技术指导、品种改良等比较直接有效的方式帮助大陆贫困地区的农民脱贫致富，但是想要通过两岸农业合作来解决台湾农业问题没有太多操作的空间。

第二节　通过两岸农业合作，台湾能得到什么

既然我们讲的是两岸农业的“合作”，那就应该是互利双赢的。而过去二十多年的农业合作，台湾方面似乎没有收益只有损失，这是他们不愿进行农业合作的一个重要原因。因此，在与专家、学者交流探讨的过程中，也向他们请教了一个问题，“台湾希望通过两岸农业合作得到什么?”比较一致的看法是:“希望可以和大陆共同开拓更大的农产品市场，前提是台湾不扩大开放大陆的农产品进入台湾市场。”显然，更大的农产品市场意味着能增加农产品的销量，而农产品的销量增加就能在一定程度上解决台湾农业衰退、土地休耕等问题。那么，通过两岸农业合作能实现他们的愿望吗?目前看来并不容易。首先，国际农产品市场本来就是全球贸易自由化进展相对滞后的一个市场，世界各国政府给予的保护程度普遍高于其他市场。进入21世纪以来，各国对检验检疫、食品反恐、农产品身份认证、知识产权、食品标签等非关税壁垒的运用有增无减。其次，大陆国内农产品市场本身还存在市场体系不完善、市场信息不畅通、农产品质量不高、市场运行主体组织化程度不高等问题；在国际市场上有竞争力的农产品并不多，加入WTO后还面临较大的农产品进口压力。第三，现实的情况是，无论国际市场还是国内市场，水果、花卉以及茶叶等农产品大陆和台湾是处于竞争的态势。因此，本来农产品市场空间就很有限，想要扩大谈何容易。既然很难得到自己想要的，台湾方面不愿意合作也就在情理之中。

谈到两岸农业合作如何让台湾农民获利的问题，对一位学者的回答印象很深，她说:“开放自由行后，大陆朋友来台湾观光，多到农场、休闲农业观光园区看看，多吃台湾水果，再邮购一些回去，就是对台湾农民最直接的帮助。”她显然是以开玩笑的方式否定了两岸合作的必要性，其实她说的话值得我们深思，与大陆相比，台湾农民数量、农业规模都很小，要真正让农民获利，不能光凭大陆一厢情愿，而要面对现实，认真总结二十多年来两岸农业合作究竟对台湾农业、农民和农村发展带来了什么好处，以此为出发点，实事求是地合理规划，不能被暂时的经济利益所牵制，要寻找合适的合

作途径和模式，而这不仅是两岸农业合作的关键问题之一，也不仅是涉及到两岸农业交流与合作是否能得以可持续发展的问题，而从本质上是能否争取到台湾农民的心的大问题，是从对台工作的大政方针上思考的问题。

第三节 两岸农业合作的困难与问题

2006 年以来，农业部会同国台办先后在大陆 9 个省份设立了 9 个海峡两岸农业试验区，同时在 12 个省份设立了 25 个台湾农民创业园，成为了两岸农业合作的重要平台。据不完全统计，截至 2008 年年底，投资大陆的台资农业企业已有 5900 余家，投资大陆的农业台资达到 69 亿美元，进入各试验区和创业园的台资农业企业 4800 多家，试验区和创业园实际利用台资 55 亿美元，占台湾投资大陆农业实际金额的 79%①。两岸农业合作取得了一定的成绩，但是在与台湾农业专家、学者交流的过程中，了解到他们对于两岸农业交流与合作有一些不同的看法。主要有以下几个方面：

第一，合作目标及成效。专家、学者普遍认为，两岸农业合作试验区和台湾农民创业园的建立的最终目标应该是让两岸农民获益，但从目前的情况看，我们不知道对大陆当地农民带来多大好处，但对台湾农民来说，没有太大成效，因为基本都是商人去投资的，没有真正惠及台湾农民。

第二，合作主体及其意愿。两岸农业合作的主体应该是农民、基层农业组织和农业企业。其中，农民单打独斗到大陆投资，面临很多困难，主要有以下几个方面：（1）资金来源。通过农地贷款得到的资金很有限，而且还有利息的压力；（2）压力大。前期投入高，加上生活费用，还面临失败的风险；（3）来自家庭的强烈反对。农民独自到大陆投资创业，可能会影响到其正常的家庭生活。而且从目前的情况看，农民到大陆投资失败的比例比较高，这些失败的案例在很大程度上影响了台湾农民到大陆投资的信心。台湾农会是最具活力的农民团体和综合性的农业合作组织，属于法人实体，有权利自己决定是否和大陆进行合作，台湾当局是没法干预的。但是目前他们的合作意愿也不是很高，因为一方面要考虑行政机关的态度，另一方面担心权

---

① 投资大陆的台资农业企业已逾 5900 家，http：//www.dayoo.com，2009－12－17。

益不能得到有效保障，这也是他们最担心的。三重市农会总干事告诉作者有农会在大陆设立农产品销售中心，一开始产品销路很好，但很快就会被仿冒，最后导致他们的农产品失去市场。对于企业，由于缺乏比较利益及农业投资回收期长等因素，再加上农业贷款没有保障，农业投资不是他们的最爱。因此对于那些半路出家的非农企业投资农业，一位专家提出了他的担忧，他认为那些原来从事房地产的台商愿意转行投资农业，其实根本不是真正想从事农业，而是想圈地。这个问题确实值得大陆的相关部门注意。从以上分析可以看出，农民、农会投资合作意愿不高，愿意投资的企业又有动机不纯的嫌疑，这是两岸农业合作中面临的一个大的潜在风险。

第三，合作平台建设。两岸农业合作试验区、台湾农民创业园作为推动两岸农业合作的主要平台，对于其设立和发展，专家、学者们就他们的亲身经历提出了自己的一些看法。首先，不少园区并没有根据实际情况进行详细的规划和可行性分析。如有的园区建盖的温室，其条件根本不满足台湾花卉的栽培种植需要。其次，虽然每个园区都有税收、土地租金等优惠条件，但是由于农业的特殊性，生产周期长，尤其是利润高的水果，要 4～5 年才能开始收获，资金是个大问题。再次，即使农民愿意去大陆投资，园区除了给予一些优惠条件之外，软体方面的建设严重缺失，农民在生产、市场、技术、运销等方面遇到问题几乎无处寻求帮助，而这在台湾是农会帮助解决的事。关于台湾农民创业园的设立和发展，一位教授的观点值得大陆相关决策部门思考，他认为："这些园区如果以吸引台湾农民投资创业为目标，已经错过了最佳时机，要是再早十年会好很多。因为目前台湾农业在从传统农业（经验的应用）向现代农业（科学的应用）和知识农业（知识的应用）转型，早些年到大陆投资创业的农民多是借助于传统农业中对种植、栽培经验的应用，他们的成功更多是源于市场成熟、自然条件适宜。"古坑乡农会一位股长讲的一件事似乎也印证了那位教授的说法，他说，大陆某地园区提供很好的条件，包括土地租金、税收减免、基础设施、园艺设施等都很齐全，但是几次到他们农会洽谈合作事宜，都没有成功，主要源于资金无保障、市场不确定、气候等自然条件不适宜等几方面的因素。因此，对于合作平台的建设，仅限于盲目投资硬件设施是远远不够的。

第四，保障措施的制定和执行。很多专家、学者都提到，农业合作要真正使两岸互利，就要从政府层面签订类似于ECFA的协议才能做到，规定双方的权利义务，而且要有一个正式的机构来共同推进，这样双方的权益才能得到应有的保障。他们还谈到，近两年一些大陆经贸考察交流团到台湾都会采购农产品，除了当场购买的，许多订单都不能如期如实兑现，在岛内造成了一些负面影响。这些对顺利推进两岸农业合作是很不利的。

第四节　两岸农业合作的未来在哪里

尽管两岸农业合作面临很多问题和困难，我们仍然可以通过分析双方的比较优势，并进一步地沟通和协商，找到合作的突破口。台湾农业专家、学者的一些建议或许能给我们一些有益的启示。

第一，两岸农业合作的原则和目标。合作的原则应该是技术互惠、产业互利、贸易互补，避免恶性竞争。合作的目标则应是弘扬华人的农业文化（农业科技、农业品牌、农业生产标准等），共同开拓国内和国际市场。

第二，两岸农业合作平台建设目标的重新定位。两岸农业合作平台的规划和建设应该与大陆的新农村建设结合起来，最终把其建设成为"两岸现代农业合作示范区、新农村建设先行区、农业新品种新技术试验区、新型专业农民培育区"，并且根据园区所处位置不同、合作对象的特点不同有所侧重。事实上，不论是农民创业园还是农业合作试验区，不一定只是一个园区或是一个地区，最重要的是它应该有辐射的功能和范围。目前，25个台湾农民创业园的面积是台湾面积的2倍，每个农民创业园都分核心区、拓展区和辐射区，不同的区域发展模式也会有所不同。如果这些园区都能成功发展为现代农业的示范区，并且能有效辐射周边地区，对大陆农业的发展，"三农"问题的解决，新农村的建设将有积极的推动作用。

第三，两岸农业合作的基础。两岸农业有很强的互补性是各位专家、学者一致认同的。他们认为，两岸农业各有优势，台湾在于农业科技和农会、产销班、农业策略联盟等农业组织的经营管理模式，大陆在于种源、土地、劳动力等农业资源。而且目前台湾很多农业技术和品种已经转移到大陆，农业在大陆的投资也有不小的规模，为进一步合作奠定了一定的基础。但是大陆的农业配套服务还比较落后，在一定程度上会成为影响两岸农业合作的一个障碍。

第四，两岸农业技术交流与合作。自然环境的不同使得两岸对农业生产技术尤其是农产品种植品种、栽培技术等各有侧重，存在很强的互补性，交流的空间很大。台湾一直以自己农业的发展成就而自豪，尤其在农业推广和农业技术开发方面，台湾农业科技、专利的转化率很高，达90%以上，很重要的原因在于它的无偿性。在大陆，农业科技的转化是有偿的，而小农经济模式下，农民的能力有限，因此限制了其转化的速度。其实这两种模式各有利弊，这方面两岸可以相互借鉴。目前，为了保护农业的智慧财产权，台湾正在逐步转变这种无偿转化的模式。对于两岸农业技术的合作，有专家认为，如果两岸合作进行农产品的生产，内需不是问题，供给也不是问题，问题主要有两个：一是质量如何保证和提高，二是如何保证价格不会大起大落。所以农产品的生产技术就成为解决这两个问题的关键，如栽培技术，如何突破自然条件的限制，拉长生产期。诸如此类的农业技术问题，两岸可以共同解决。

第五，台湾对大陆农业投资。对于这个问题，主要有两派观点，一派认为，台湾对大陆进行农业投资，应该主要着眼于粮食作物、贫困地区以及农产品与台湾互补的地区，如西北、西南和东北地区；而对于与台湾存在竞争关系的华南和华中地区，如福建、广东、浙江、江苏等地，则不应该鼓励，因为台湾农业是小岛经济，很脆弱，承受不了冲击。另一派则认为，台湾作为海岛型农业，资源有限，应该根据比较利益原则，生产有优势的产品，农业应该在全球布局，积极进行对外投资，包括到大陆投资。其中，大陆的广东、福建、海南、云南等地与台湾气候、自然条件有些接近，在这些地区进行投资比较容易成功。

第六，两岸农业合作需要具备的条件。专家、学者们提到的“条件”显然都是针对大陆提出的，他们认为大陆应该在以下几个方面有所加强：(1)税收、法律、安全保障等相关政策需要不断完善；(2)建立和完善农产品生产运销体系；(3)地方政府要有合作的诚意，服务意识要加强；(4)最重要的一点，无论是理论探讨还是实际的合作，两岸农业合作需要一个机制化、正常化、系统化的渠道，有一个自上而下的工作团队来运作，形成常态化的协商机制。满足了这些条件，两岸农业合作才可能真正实现双赢。目前的情况是，台湾农民赴大陆进行农业投资都是散兵作业，他们能力有限，一个台湾农民最多可以管理好1公顷的土地，而且很多农民只会自己种植、管理，并不能真正有效地把台湾农产品的栽培技术传授给大陆的农民。因此，合作的成效是很有限的。

第七，两岸农业合作的模式。很多专家、学者都认为，两岸农业真正有效的合作模式应该是双方出面协商这个问题，由农会来具体操作，进行全面的、切实有效的合作。但是目前，阻力主要来自台湾当局，虽然台湾当局已经派人赴大陆考察台湾投资大陆农业情况，但还没有关于两岸农业合作事宜的规划。如果行政机构没有规划，农会也不敢贸然采取行动。南部的一些县、市长赴大陆推销农产品，其实都是作秀给农民看，目的是稳定民心，争取选票。不少专家认为，台湾当局应该正视现实，告诉农民现实的情况，对于能够对外投资的项目，扩大投资。同时，还应该做好两方面的工作：（1）为农业对外投资培训相关人才；（2）为农业对外投资提供资金保障，如风险保障措施、低息贷款等等。如果台湾当局能在这方面做出一些让步，两岸可以利用各自的比较优势，合作创建“异地农业”的模式，即台湾接单，大陆生产，共同开拓国际市场。

参考文献

1. 台湾经济年鉴2009，（台）经济日报社，2009.5，P86～P88。
2. 关于加大台湾农产品商标权保护力度促进两岸农业合作的实施意见，工商行政管理，2006年第21期，P13～P14。
3. 台湾统计年鉴2009（Taiwan Statistical Data Book 2009），台湾，2009.6。
4. Achim Fock，Tim Zachernuk（世界银行），赵钧（译），中国农民专业协会回顾与政策建议，中国农业出版社，2006.10。
5. 白俊超，我国农村土地制度改革研究，西北农林科技大学博士学位论文，2007.5。
6. 北京大学国家发展研究院综合课题组，还权赋能——成都土地制度改革探索的调查研究，国际经济评论，2010.2，P54～P92。
7. 北京天则经济研究所《中国土地问题》课题组，土地流转与农业现代化，管理世界，2010.7，P66～P85。
8. 曾祥添，闽台农业合作模式探析，淮海工学院学报（社会科学版），2008.12，P61～P63。
9. 曾晓安，失地农民出路问题的成因分析及制度求解——结合台湾的土地政策进行分析，珠江经济，2005.7，P57～P59。
10. 曾寅初、陈忠毅，海峡两岸农产品贸易与直接投资的关系分析，管理世界，2004.1，P96～P106。
11. 曾玉荣、姜梅林、郑百龙、周琼、翁伯琦，台湾农业发展成效与闽台农业合作再思考，台湾农业探索，2008.4，P9～P12。
12. 曾玉荣等，台湾地区农业科技研发体系及策略导向，福建农林大学学报（哲学社会科学版），2008.11（4）：P23～P26。
13. 常英伟、黄景贵，台湾资本在海南农业中的投资现状、绩效、问题及对策分析，海南广播电视大学学报，2005.4，P66～P69。
14. 陈海秋，台湾地区50年来土地政策的三次大变革，中国地质矿产经济，

2002.11，P21～P25。

15. 陈洪昭，闽台农业合作中的农地利用问题研究，福建师范大学博士学位论文，2008.4，P58～P59。
16. 陈键兴，台盟建议设立两岸农业合作专项基金，新华网 2010 年 3 月 5 日。
17. 陈美云，台湾休闲农业的成功经验及对大陆的启示，科技情报开发与经济，2006.2，P119～P120。
18. 陈维民，台湾的农业发展历程和现状，华夏星火，2009.1，P14。
19. 陈锡文，农村改革三大问题，在海南“十二五”农村改革国际论坛的主旨演讲，http：//bbs.cenet.org.cn/dispbbs.asp？boardid＝92518&ID＝416062。
20. 陈雪松，台湾土地改革及其对大陆的启示，南方农村，2005.1，P17～P19。
21. 陈忠毅，加入 WTO 后两岸农产品贸易发展前景及影响因素，台湾农业探索，2004.1，P1～P5。
22. 程国强，扩大两岸农业交流合作的建议，国研网，2010 年 3 月 5 日。
23. 程杰，海峡两岸共谋农业合作新发展——访台湾台中县议员冉龄轩，华夏星火，2009.1，P32～P35。
24. 程文章，借鉴台湾土地制度，加强广东农村土地管理，南方农村，2009.1，P30～P32。
25. 村镇银行信贷模式探索——来自四川仪陇惠民村镇银行的实践，新远见，2009.1，P97～P99。
26. 大陆 15 家台湾农民创业园推介两岸农博会，http：//www.cntbr.com/NewsView－900.html。
27. 戴淑惠，农业金融改革前后对农会信用部经营绩效之比较研究，中原大学硕士学位论文，2007 年 6 月，P2。
28. 单玉丽，民进党上台前后台湾农业发展问题之透析，世界经济与政治论坛　2005 年第 5 期，P112～P116。
29. 单玉丽，台湾地区农业金融体系的形成与发展，福建金融，2008.12，P16～P20。

30. 单玉丽，台湾农产品贸易的困境与出路，亚太经济，2006.4，P75～P79。
31. 单玉丽，台湾农业金融改革之路与前景，亚太经济，2007.4，P62～P66。
32. 单玉丽，推进农业合作组织体制与机制创新——台湾发展农业合作组织之启迪，发展研究，2006.10，P18～P20。
33. 单玉丽，中国台湾的“新农业运动”，世界农业，2007.8，P11～P14。
34. 邓启明、黄跃东，海峡两岸现代农业合作先行先试研究：目标、侧重点与策略选择，中国青年农经学者年会论文集。
35. 邓启明、李建华、黄献光，海峡两岸农产品贸易的现状与发展，农业经济问题，2005.12，P34～P37。
36. 邓远建，台湾地区农业政策的历史演变及其对大陆农业发展的启示，农业与技术，2005.8，P112～P114。
37. 丁文郁，从农业金融法之制定论台湾农业金融制度，两岸乡村发展与治理，五南图书出版股份有限公司，2010 年 5 月，P220。
38. 丁中文，台湾农业转型的主要历程、趋势与启示，发展研究，2008.8，P79～P82。
39. 杜强，两岸农业投资合作分析：以江苏省为例，管理观察，2008 年 8 月，P204～P205。
40. 段兆麟，台湾农业产销班高效管理的策略，福建农业，2006.9，P36～P37。（摘自《海峡两岸农业合作产销组织研习班文稿集》）
41. 樊丽明、郭琪，台湾农业税制演变及对大陆的启示，财贸经济，2005.9，P50～P54。
42. 范武波（海峡两岸第三届热带亚热带农业学术研讨会暨农业生产与加工考察团），海峡两岸第三届热带亚热带农业学术研讨会暨台湾农业考察报告，中国热带农业，2009.3，P30～P32。
43. 方文荣，台湾农业模式的长泰实验——福建省长泰县锦信青果专业合作社发展纪实，农业知识，2009.2，P27～P29。
44. 甘西，台湾农业考察报告，广西水产科技，2008.3，P1～P5。
45. 葛凤章、金雷，“大三通”背景下两岸基层农业交流与合作——两岸乡村座谈会侧记，两岸关系，2009.8，P45～P46。
46. 广西农学会农业专家赴台湾考察团，台湾农业考察报告，广西农学报，2003.2，P59～P62。
47. 郭斐斐，“星期九农庄”打造海峡两岸农业合作“优秀试验田”，http：//www.agri.gov.cn/kjtg/t20090710_1308878.htm。
48. 郝志东、廖坤荣主编，两岸乡村治理比较，社会科学文献出版社，2008.11。
49. 胡冰，台湾休闲农业的发展历史与现状，西安邮电学院学报，2007.4，P96～P99。
50. 胡元坤，中国农村土地制度变迁的动力机制，中国大地出版社，2006.10。
51. 胡振华，中国农村合作组织分析：回顾与创新，北京林业大学博士学位论文，2009.4。
52. 黄安余，台湾土地改革及对农民就业的影响，台湾农业探索，2008.2，P5～P9。
53. 黄金辉，台湾农业产业化支持政策及其运作，思想战线，2003.2，P25～P29。
54. 黄金辉、徐义雄，台湾农业现代化评析，当代亚太，2003.7，P59～P64。
55. 黄泉兴，地方农会服务功能运作之模式分析，淡江大学管理科学研究所博士班博士论文，2008.1。
56. 黄献光，从台商大陆农业投资谈两岸农业的合作与分工，台湾农业探索，2003.2，P8～P10。
57. 蒋亚杰、石正方，台湾农业发展现状、问题及出路，福建行政学院福建经济管理干部学院学报，2006.4，P91～P96。
58. 蒋颖，海峡两岸农产品贸易的格局与现状分析，福建农林大学学报（哲学社会科学版），2008.11（3），P23～P26。
59. 蒋颖，海峡两岸农产品贸易依存度分析，福建农林大学学报（哲学社会科学版），2006.9（3），P24～P28。
60. 蒋颖，海峡两岸农产品贸易增长的成因：基于CMS模型的实证分析，技术经济，2008.12，P93～P97（108）。
61. 来自台湾的报告—从新农村到新农业，南风窗，2006.17。

62. 兰世辉，台湾农会研究，中央民族大学博士学位论文，2007.3。
63. 老目，在现代农业中植入新的商业基因——访台湾服务业发展协会秘书长李培芬，华夏星火，2009.1，P38～P41。
64. 李昌平，看了《农民专业合作经济组织法》想哭！中国改革论坛，2006。
65. 李昌平，农业发展策略的台湾经验，中国乡村发现，2007.5，P10～P14。
66. 李昌平，中国农村将彻底走上菲律宾道路，http://www.chinaelections.org/NewsInfo.asp?NewsID=135556。
67. 李栋、方森鹏，台湾的种子金湾的果——金湾台创园成两岸农业合作新平台，珠海特区报，2009年8月20日第2版。
68. 李非，台湾土改的启示，2009年第3期，南风窗，P48。
69. 李非、赖文凤，推动两岸农业交流与合作发展的对策研究，两岸关系，2006.11，P18～P20。
70. 李纪珠，“农业金库”成立是喜？是忧？http://www.npf.org.tw/post/1/3369。
71. 李纪珠、邱静玉，当前农渔会信用部改革之评析，http://www.npf.org.tw/post/3/3470。
72. 李礼仲，健全“农业金库”之运作挑战重重，http://www.npf.org.tw/post/1/4698。
73. 李立，两岸农业交流与合作大有可为，台声，2007.10，P33～P35。
74. 李明，台湾农业支持政策的演变与借鉴，中共济南市委党校学报，2006.1，P69～P71。
75. 李明秋，中国农村土地制度创新研究，华中农业大学博士学位论文，2001年。
76. 李庆国、马春江，平谷探索出“产权式”农业发展新模式，三农在线—农民日报，2010年4月23日。
77. 李岳云、董宏宇，海峡两岸农产品贸易与农业投资合作，中国农村经济，2003.7，P65～P69。
78. 练卜鸣，浅论两岸农业合作交流的迷思与前景，台湾农业探索，2009.8，P12～P15。

79. 梁贤、林涛，企业化经营农户、准农业企业和农业企业，西南农业学报，2007.5，P1134～P1137。
80. 廖坤荣，台湾农会信用部经营管理的道德危险研究，公共行政学报，第十七期，2005年12月，P100。
81. 林国华、曾玉荣、刘荣章、李建华，台湾休闲农业发展模式与经验探讨，台湾农业探索，2007.4，P16～P21。
82. 林国华、曾玉荣、刘荣章、李建华，台湾休闲农业发展模式与经验探讨，台湾农业探索，2007.4，P16～P21。
83. 林克显、李小稳、黄腾华，台湾地区农业推广体系之特色及其启示，福建农林大学学报（哲学社会科学版），2007.10（4）：13～15。
84. 林卿、李建平、林翊、黄茂兴，两岸农业合作模式：资源流动与整合——以闽台农业合作为例，福建师范大学学报（哲学社会科学版），2006.6，P37～P41。
85. 林享能，促进东盟及泛珠区农业交流的展望，http：//www.npf.org.tw/post/2/6637。
86. 林毅夫、易秋霖，两岸经济发展与经贸合作趋势，北京大学经济研究中心讨论稿系列，2005.11。
87. 林自新、郑国泽，浅谈海峡两岸农业交流合作先行先试，福建商业高等专科学校学报，2009.1，P12～P16。
88. 刘登高，一项新的农业企业组织制度的诞生——学习《中华人民共和国农民专业合作社法》，农村经营管理，2006.12，P16～P18。
89. 刘凤芹，农地利用与农业经济组织，中国社会科学出版社，2005.7。
90. 刘震涛、胡艳君，两岸农业交流与合作，清华大学台湾研究所工作论文，2010.3。
91. 陆铭，建设用地指标可交易：城乡和区域统筹发展的突破口，国际经济评论，2010.2，P137～P148。
92. 陆云，农业政策需做改变，http：//www.npf.org.tw/post/2/7811，2010年7月20日。
93. 陆云：两岸农业经贸关系与发展前景，http：//www.huaxia.com/zt/pl/05－073/601287.html。

94. 吕新业、卢向虎，新形势下农民专业合作组织研究，中国农业出版社 2008.6。

95. 马萧农业政策，http：//www.npf.org.tw/post/11/4123，2008 年 4 月 25 日。

96. 面对国际金融危机 王毅宣布十项惠台政策措施，http：//www.chinataiwan.org/zt/wj/lt/gt/200907/t20090706_943850.htm。

97. 倪健，农业企业化经营与新农村建设——基于台湾乡村建设的经验，中国乡镇企业，2006.9，P76～P77。

98. 牛若峰，入世后海峡两岸农业发展：相互依存、交流与合作，农业经济问题（月刊），2003.2，P40～P43。

99. 农业部就两岸农业交流合作答记者问，中国新闻网，2010.3.1。

100. 齐琦，以品牌龙头带动重庆农业产业化．中华商标，2005.8，P19～P20。

101. 钱忠好，家庭经营——目前中国农业生产组织与制度创新应坚持的合理内核，中国农村土地制度变迁和创新研究，社会科学文献出版社，2005.9，P267～P277。

102. 饶欣荣，新农业运动——强化农业金融体系执行成效，http：//www.coa.gov.tw/view.php? catid=13072。

103. 石云飞，台湾农业在苏州——关于苏州市台资农业企业现状的调查与思路，农产品市场周刊，2008 年第 1 期，P50～P52。

104. 舒展，台湾现代农业发展困境与闽台农业合作机制探析，内蒙古农业大学学报（社会科学版），2007.4，P68～P71。

105. 苏美祥，台湾农业金融体系的形成、影响与借鉴分析，台湾农业探索，2005.3，P6～P9。

106. 孙兆慧，借鉴台湾地区经验 促进大陆农业产业化，国家行政学院学报，2006.4，P48～P50。

107. 台湾农业在大陆展现广阔前景，台声，2005.4，P56～P57。（对许信良的采访）

108. 陶然、汪晖，中国尚未完成之转型中的土地制度改革：挑战与出路，国际经济评论，2010.2，P93～P123。

109. 田君美，台商在中国大陆农业投资之研究，台北，台湾大学农业经济所博士论文，1998。
110. 汪小平，农民专业合作经济组织的成长与发展研究，华中科技大学博士学位论文，2007.10。
111. 王建民，从“大闸蟹事件”思考两岸农产品贸易，http：//blog.china.com.cn/wangjianmin/art/20356.html。
112. 王建民、苏志新，台商对祖国大陆农业的投资与合作，中国外资，2003.2，P54～P56。
113. 王金凤，从对台农业新举措看海峡两岸农业交流，两岸关系，2006.6.31。
114. 王鹏，台湾农村土地制度改革保证“耕者有其田”，华夏星火，2008.11，P58～P59。
115. 王鹏，作为典范的台湾农村土地制度，华夏星火，2009.1。
116. 王庆，闽台农业合作背景下福建农民合作经济组织发展问题研究，福建师范大学，2008.4。
117. 王曙光，乡土重建——农村金融与农民合作，中国发展出版社，2009年6月。
118. 王习明，近年来中国农民组织建设研究述评，人大复印资料《农业经济导刊》2006年第1期。
119. 王修华、贺小金、何婧，村镇银行发展的制度约束及优化设计，农业经济问题，2010.8，P57～P62。
120. 王尧、诸立恒，服务三通 普惠台农，http：//www.customs.gov.cn/publish/portal0/tab7973/info161642.htm。
121. 王臻：《峪口禽业和沃德家禽养殖专业合作社调研报告》，北京零点前进策略有限公司，2010年6月。
122. 文化，当代台湾农业概述，古今农业，2004.4，P17～P24。
123. 翁志辉等，台湾农业科技成果转化体系与机制研究，福建农业学报2007.22（4）：P433～P438。
124. 吴惠萍，农民老化 人力断层严重，http：//www.npf.org.tw/post/1/5084，2008年11月27日。
125. 吴丽民、袁山林，台湾农业合作社的发展及其对大陆的启示——以台湾汉光果菜合作社为案例的实证分析，现代经济探讨，2006.5，P37～P40。

126. 吴荣杰，加速制订农业金融法以健全农业金融体系，台湾经济论衡，第1卷第7期，2003年7月，P5、P6。

127. 吴爽，两岸农业产业交流现状、问题与对策，科技创业，2007.5，P90～P91。

128. 吴亚卓，当代中国农村土地制度变革研究，西北农林科技大学博士学位论文，2002年5月，P115～P124。

129. 吴越、曾玉荣、周江梅，台湾农业策略联盟建设概况，台湾农业探索，2006.1，P41～P43。

130. 夏祖相，发展具有重庆特色现代农业的四大关键．农家科技，2009.6，P4～P5。

131. 新形势下海峡两岸农业合作与发展研讨会交流材料，中国农科院农业经济与发展研究所、台湾大学农业经济学系联合主办，2009.8.18。

132. 熊健，台湾农业企业化经营及启示，宏观经济管理，2005.7，P55～P56。

133. 徐建炜，农地保护的国际经验及其对中国的启示，国际经济评论，2010.2，P124～P136。

134. 许佳妮、黄衍电、石爱虎，台湾农业政策体系的效应及其启示，安徽农业科学，2006，34（21）：P5669～P5671。

135. 许晓青、潘清，两岸人士在沪探讨农业科技合作新空间，新华网上海频道，2010年4月11日。

136. 许振明，台湾的农业金融问题之探讨，国家政策季刊，第三卷第四期，2004年12月，P132～P138。

137. 杨盛华，超市农业：重庆农业入世的切入点，重庆行政，2003.1，P37～P39。

138. 易开刚，祖国大陆农业利用台商直接投资的现状、问题及对策，国际贸易问题，2006.10，P112～P117。

139. 袁开智，两岸农业开发合作需要新突破——来自海峡两岸农业合作与发展论坛的报道，中国经济导报，2009年8月27日B02版。

140. 詹玲、冯献，台湾休闲农业的发展策略，台湾农业探索，2009.3，P48～P51。
141. 张涛、袁弟顺、程祖锌、王坤、张育松，从台湾农民创业园看海峡两岸农业合作——以福建省台湾农民创业园为例，福建农林大学学报（哲学社会科学版），2008.11（5），P23～P27。
142. 张涛、袁弟顺、郑金贵，在新形势下加速构建海峡两岸农业合作新格局——基于对7个海峡两岸农业合作试验区和台湾农民创业园的调研，福建农林大学学报（哲学社会科学版），2009.12（2），P15～P19。
143. 张意轩，两岸农业合作，空间太大了，人民日报海外版，2009年4月16日第003版。
144. 张意轩、李屹，海峡两岸农业合作进入“深耕细作”阶段，中国工商报，2009年8月14日第3版。
145. 张意轩、李屹，两岸农业合作迈向“深耕”，人民日报海外版，2009年7月21日第3版。
146. 赵凯，中国农业经济合作组织发展研究，西北农林科技大学博士学位论文，2003.5。
147. 赵一夫，台湾农业及农村发展经验考察，台湾农业探索，2006.4，P1～P3。
148. 郑百龙，2007年台湾“新农业运动”政策要点与执行成效，台湾农业探索，2008.6，P76～P80。
149. 郑风田，穆建红，农业“软实力”提升的战略政策——我国台湾打造国际知名农业品牌的经验及启示，农业现代化研究，2007.3，P186。
150. 郑少红、张春霞，台湾地区农业产销班经营模式对福建农民合作组织的启示，福建农林大学学报（哲学社会科学版），2007.10（1）：P21～P25。
151. 周红梅、赵就亮、王维，政银携手送春暖桂台农合越“寒冬”——玉林市政银合作助推海峡两岸农业合作逆势发展调查，广西日报，2009年8月20日第9版。
152. 周江梅、曾玉荣，两岸农业合作对台湾农产品贸易的影响，台湾农业探索，2004.3，P17～P20。

153. 周其仁，以土地制度改革切入统筹城乡，http：//news.ifeng.com/opinion/economics/detail _ 2010 _ 09/21/2594529 _ 0.shtml。
154. 周文彰，琼台农业合作研究，海南出版社，1999.9。

后 记

本书是在我博士后出站报告的基础上修改完成的。在完成之际，谨向对本书的完成、出版和博士后研究期间在工作和生活等方面给予我帮助的领导、老师、同事、家人和朋友表示衷心的感谢！

首先要感谢我的合作导师施祖麟研究员、刘震涛教授和李应博副研究员，是您们让我有机会进入清华大学，感受这里浓厚的学术氛围、严谨的治学态度，您们对我学术研究的指导和帮助、工作生活的关心，我会永远记在心里。其次要感谢台湾研究所的巫永平教授、殷存毅教授、李保明副教授、郑振清老师、王鹏老师、张娟老师、崔文成师傅，博士后谢天成、王花蕾、于珍、孙东方、窦勇，研究助理马歆儿、袁飞、张贤、黄秀容，台湾研究所就像一个温馨的大家庭，在这里度过的每一天都很开心。还要感谢公共管理学院的各位领导和老师提供了良好的学习研究条件，让我经常有机会聆听不同领域大师和专家精彩的演讲和报告，一方面开阔了自己的视野，同时也深深感受到了他们的学术风采和人格魅力。

特别感谢刘震涛所长，是您带我走进“台湾问题、两岸关系”这样一个对我来说全新的研究领域，通过参加论坛、学术交流、实地调研，我也开始对这个领域的研究渐渐产生了兴趣。而您的严谨认真、睿智通达，常常会让我油然而生敬意。还要特别感谢农科院农业经济与发展研究所的任爱荣研究员为我赴台调研提供的无私帮助。

特别感谢现在工作单位北京联合大学原副校长冯虹教授、管理学院陶秋燕副院长、台湾研究院谭文丛常务副院长、刘文忠副院长和管理学院工商管理系陈琳主任在本书出版过程中给予的关心、帮助和经费资助。还要感谢九州出版社编辑认真细致的工作，大家合作得非常愉快。

最后，要感谢我的家人，正是你们默默的支持、无私的关爱，让我不管遇到什么样的困难，都能怀着一颗宽容、感恩的心去面对工作和生活。我会继续努力！

胡艳君

2012 年 2 月 19 日于北京